Herbert Weffer

Der rheinische Genitiv und seine Mitläufer

Lustiges und Deftiges aus dem Wesen und der Mundart des Rheinländers

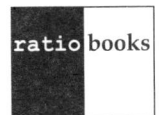

ratio books

Herbert Weffer
Der rheinische Genitiv und seine Mitläufer
Lustiges und Deftiges aus dem Wesen
und der Mundart des Rheinländers

Dieses Werk ist urheberrechtlich geschützt.

Impressum
ratio-books • 53797 Lohmar • Danziger Str. 30
info@ratio-books.de (bevorzugt)
Tel.: (0 22 46) 94 92 61
Fax: (0 22 46) 94 92 24
www.ratio-books.de

ISBN 978-3-939829-33-1

published by

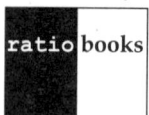

Inhalt

Vorwort

Es ist schon seltsam: Je mehr die Bevölkerung den rheinischen Dialekt liebt, desto mehr ist er rückläufig. Als ich am Tag des offenen Denkmals eine Burgenführung „in Platt" durchführte, nahmen in der Mehrzahl Neubürgerinnen daran teil. Und die wollten dann – wie man es beim Kölner Karneval gewohnt ist – ganz selbstverständlich möglichst humorvolle Erklärungen.

Den echten Rheinländer erkennt man nicht nur am Verschmähen des Genitivs, sondern auch am Tonfall. Und das auch dann wenn er Hochdeutsch spricht. Zusätzlich natürlich auch am *datt* und *watt*.

Weil ich schon Wörterbücher sowie Bücher über rheinische Sprichwörter, Anekdoten, und Gebete geschrieben habe, bin ich mehrmals gebeten worden, auch ein Buch über den hiesigen Genitiv und seine Mitläufer zu schreiben. Das habe ich nun hiermit getan. Der Titel dieses Buches ist eigentlich irrig, weil es den rheinischen Genitiv so gut wie nicht gibt. Er wird, wie sich in den folgenden Kapiteln zeigt, mit dem Dativ mit „von" oder mit „sing" umschrieben.

Im Rheinland gibt es im Vergleich mit der hochdeutschen Sprache auch noch viele andere Eigenheiten. Hier fällt vor allem das Verkürzen bei Tätigkeitswörtern auf, wenn es beispielsweise *hadde* statt „habt ihr" und *somme* statt „sollen wir" heißt. Im Gegensatz dazu gibt es hier treffende Verlängerungen durch die Steigerung von Eigenschaftswörtern, wie bei *knattschverdötsch* und *scheißejal*. Sogar Tätigkeitswörter kann man hier steigern wie wir es von *schibbelich laache* kennen.

Man muss bekanntlich immer sehr gut aufpassen, wenn von Essig, Mennig und Reisig die Rede ist und es andererseits dann Bottich, Estrich und Rettich heißt. Da hat es der Rheinländer leichter, bei ihm werden auch die auf -ig endenden Wörter zu *Essich, Mennich* und *Reisich*.

Der normale Deutsche hat es eben mit der Grammatik schwerer. Der Pilot fliegt beispielsweise zur Erde hinab, während das Flugzeug für den unten Wartenden zur Erde herab kommt. Im Rheinland ist das einfacher, denn in jedem Fall *kütt datt Fluchzeuch eraff*.

Diese einmalig mit der Heimat verbundene Mundart ist eine Sprache des Herzens, weil sie aus dem Volk gewachsen ist. Sie ist sogar viel aussagekräftiger und treffender als unsere Schriftsprache. Sogar so vielseitig und passend, dass es oft kaum möglich ist, dafür das richtige hochdeutsche Wort zu finden. Für *Klätschohch, Fibbes, stivvele* und viele andere Bezeichnungen gibt es eigentlich keine überzeugende Übersetzung.

Johanna Schopenhauer hat schon im Jahre 1828 geschrieben, dass die rheinische Mundart sehr eigentümlich sei. Einem Außenstehenden würde es kaum gelingen, sich diese „ganz anzueignen, und gäbe er sich auch die größte Mühe". Man ist eigentlich nur als Kind oder Jugendlicher in der Lage, diese Mundart zusammen mit anderen richtig zu lernen und zu sprechen.

In früheren Zeiten gab es so genannte Originale, über die noch lange erzählt wurde. In geringer Zahl gibt es die auch heute noch. Sie hatten und haben fast immer eine gewisse Narrenfreiheit. Wie der Jupp, der zum Pastor sagte: *Für all Lück saren ich Du, nur für dich net.*

Herbert Weffer

1. Der rheinische Genitiv als Dativ mit „von"

Wie schon im Vorwort gesagt, gibt es den rheinischen Genitiv in der üblichen Form gar nicht. Er wird einfach umschrieben. Man sagt zwar *datt Hus* für das Haus, aber des Hauses wird durch *von dämm Hus* einfach umgangen. Das Dach des Hauses ist also hier *datt Daach von dämm Hus*. Wenn die Leute noch in dem Haus wohnen, obwohl es lädiert ist, dann leben sie hier „trotz dem kaputten Dach" noch darin.

Wenn man in Zeitungen des 19. Jahrhunderts liest, kommt man oftmals nicht aus dem Staunen. Ein Bademeister bietet auch im Winter seine Bäder an, bittet aber „wegen dem Einheizen" sich eine Viertelstunde früher zu melden.

Als das Rheinland nach dem Sieg über Napoleon preußisch geworden war, wurde vor und nach alles reglementiert. Jeden Dienstag wurden in den öffentlichen Sitzungen der Polizeigerichte die Täter im Schnellverfahren verurteilt.

Die Schadowstraße in Düsseldorf im Jahre 1906. Neben Pferde- und Handwagen erkennt man im Hintergrund die elektrische Straßenbahn.

Düsseldorf   Schadowstrasse

Wer montags etwas ausgefressen hatte, konnte dienstags schon eine saftige Strafe erhalten. Es gab schon zwei Tage Arrest, wenn man „stinkendes Wasser ausgeschüttet" oder „nächtlich ruhestörenden Lärm verursacht" hatte. Je nach Lautstärke und Dauer konnte die Strafe auch höher ausfallen. „Wegen freiem Herumlaufen des Hundes" musste der Halter einen Taler bezahlen und wenn er nicht bezahlen konnte für zwei Tage ins Gefängnis.

Es gibt den Dativ also auch ohne das „von", dann aber mit „wegen" Das kann man in jüngeren Zeitungsberichten auch so lesen. Beispielsweise dass es „wegen dem dichten Verkehr" lange Staus gab oder dass „wegen dem großen Sturm" der Schulunterricht ausfiel. Auf einem Hausschild findet man den „Dativ mit von" sogar noch zusammen mit einem zweiten total unnötigen von. Weil sich der Eingang des Hauses an der Gartenseite befindet, wird darauf hingewiesen mit den Worten: *Der Eingang von dem Haus ist von hinten.*

Die Düsseldorfer Rheinpromenade mit dem Schlossturm. Die nach einem kolorierten Foto hergestellte Ansichtskarte wurde im Mai 1909 für 5 Pfennige nach Paris geschickt.

2. Wegen schnellem Reiten

In den schon genannten Sitzungen des Polizeigerichtes erhielten Raucher „nebst Konfiskation der Pfeife" einen Taler Geldstrafe oder zwei Tage Arrest, wenn sie „in der Nähe von leicht brennbaren Materialien" ertappt wurden. Einem Tabakraucher mit „ungedeckelter Pfeife" erging es ähnlich. Ein Kutscher wurde – man achte auch hier auf den Dativ statt Genitiv – *wegen schnellem Fahren in der für die Fußgänger bestimmten Allee* zu einer Geldstrafe von einem Taler und 18 Silbergroschen verurteilt. Weil jemand Holzdiebstahl begangen hatte und in einem Fall „wegen Werfen mit harten Körpern" waren je drei Tage Arrest üblich.

Am schlimmsten erging es den Gastwirten, denn bei Überschreitung der Polizeistunde war jedes Mal Geld fällig. Aber auch die Gäste kamen nicht ungeschoren davon, denn wie der Wirt musste jeder Gast einen Taler und 16 Silbergroschen bezahlen oder drei Tage im Gefängnis verbringen. Die Wirte wurden auch bestraft, wenn sie vor dem Haus die Beleuchtung „vernachlässigt" hatten. Der Wirt Peter Schüller hielt im April 1819 „wegen altem Herkommen" in der Baumschule Tanzmusik ab.

Es gab auch vor 190 Jahren schon eine Geschwindigkeitskontrolle in Bonn. So musste jemand im Dezember 1825 *wegen schnellem Reiten in den Straßen der Stadt* für drei Tage ins Gefängnis. Mit Geld war da nichts zu machen. Ähnlich wie heute in Flensburg bekam er eine Eintragung ins Wiederholungs-Register, damit er bei weiteren Übertretungen der Geschwindigkeit härter bestraft werden konnte. Ähnlich erging es auch den Kutschern.

Wenn man in politischen Akten blättert, stellt man fest, dass der Genitiv bei zugezogenen Schreibern richtig und bei hiesigen Berichtern mittels Dativ geschrieben wurde. So notierte ein Zugezogener im Jahre 1913, als man im

Rheinland die sozialdemokratischen und gewerkschaftlichen Führer beobachtete, der J. M. habe „zweimal wegen unbefugten Kaninchenfangens" 30 bzw. 40 Mark Strafe zahlen müssen. Während fast zur gleichen Zeit die hiesigen Protokollführer berichten, dass „politisch unsichere" Personen „wegen ihrem Gesetzverstoß" laufend beobachtet werden.

Die ehemalige Stiftskirche und spätere Pfarrkirche St. Quirin in Neuss. Die Basilika stammt aus dem 13. Jahrhundert, während die Krypta noch älter ist.

3. Der rheinische Genitiv als Dativ mit „sing"

Die zweite Möglichkeit, den Genitiv zu umschiffen, ist der „Dativ mit sing". In solchen Fällen heißt es im Rheinland dann statt „das Dach des Hauses" ganz einfach *dämm Hus sing Daach*. In Hochdeutsch ginge das schlecht, denn da würde es „dem Haus sein Dach" heißen.

Die rheinische Mundart ist in vielen Bereichen der Schriftsprache überlegen und treffender. Den Fall, dass die Frau des Herrn Schmitz verschwunden ist, kennen wir aus einem Karnevalslied mit „sing". Da heißt es dann: *Dämm Schmitz sing Frau es durchjebrannt.* Um besser zu treffen, muss es nicht immer mit „sing" sein. Wenn gesungen werden soll, dass in der Küche der Familie Winand ein vermeintlicher Hase für die nächste Mahlzeit zubereitet wird, heißt es im Rheinland – und hier vornehmlich in Köln besonders treffend in dem Lied: *De Winands hann ene Has em Pott, miau, miau, miau.*

Das Schloss Benrath bei Düsseldorf auf einer Ansichtskarte von 1912. Ursprünglich stand hier eine Burg. Das Schloss wurde in den Jahren 1755 bis 1773 an der Stelle eines Wasserschlosses von 1667 erbaut.

Man geht hier auch nicht zu jemandem „dank seiner guten Getränke", sondern *wäje singem jode Jesöffs*; und auch nicht „infolge der guten Bewirtung", sondern *wäje singem jode Zeässe*.

Interessant sind auch Schulaufsätze, zumal auf dem Lande. Ganz besonders in der Zeit, als die Kinder zu Hause nur Platt sprachen. Der Dativ statt Genitiv blieb, nur wurde aus dem *sing* das hochdeutsche „sein". So konnte man lesen „Dem Karl sein Fahrrad war hinten platt und doch tat er damit fahren." An anderer Stelle hieß es: „Wegen dem Ferienbeginn brauchte jeder wegen dem letzten Tag seine Bücher und Hefte nicht mitzubringen."

Auch in sehr alten Liedern findet man schon den Dativ mit „sing" oder „singe" statt des Genitivs. Im Lied vom Herrn Pastor seiner Kuh heißt es ja auch nicht „von der Kuh des Herrn Pastors", sondern *vom Här Pastur singe Koh*. Die letzte Strophe hat in der Zeit vor dem Kunstdünger ein Witzbold mal so gedichtet: *De Buure krächten et allermeiste, als Dünger nämlich de letzte Scheiße, vom Här Pastur singe Koh. Trijaja, trijaja …*

Das Verwaltungs- und Kasinogebäude in Leverkusen, als noch keine Autos den Blick störten.

4. Der vergessene Akkusativ

Nicht so krass wie der Genitiv steht auch der Akkusativ im Rheinland auf unsicheren Füßen. Es ist noch nicht lange her, da stand ein Obsthändler mit kaltem Zigarrenstummel im Mund neben seiner mit Weintrauben beladenen Karre auf einem rheinischen Marktplatz und rief: „Jeder kann probieren hier der herrliche Wein". Der Nominativ musste also für den Akkusativ herhalten.

Das war in früheren Zeiten fast normal. In einer Zeitungsanzeige aus dem Jahre 1818 suchte ein Buchbinder „ein junger Mensch, von gesundem Körperbau und wohlerzogen, der sogleich als Lehrling eintreten kann". Eine ähnliche Anzeige kam von einem Hutmacher; er suchte „ein junger Mensch, welcher die Huthmacherei lernen will". Und gleich in einer Anzeige nebenan boten zwei Händler „fein geklopfter Traß und guter ächter und reinschmeckender Zucker-Sirop zu 5 Stüber der Schoppen" an.

Über einen in Verdacht stehenden Mann konnte man in der Zeitung lesen: „Wir kennen ihn, als derjenige, der auch früher schon in ähnlichen Fällen aufgefallen ist." Auch in einem Schulaufsatz konnte man lesen: „Am Sonntag sind wir mit dem Schiff nach Rüdesheim gefahren und haben die Marxburg, die Loreley und der lange Rhein gesehen."

5. Der rheinische Plural

Das kann man auch heute noch hören. Man kommt in ein Modegeschäft und das Lehrmädchen vom Lande betätigt sich als Wegweiserin mit den Worten: *Mäntels haben wir oben.* Das völlig unnötige „s" am Wortende steht im Rheinland oftmals als Hebung des Plurals. Ähnlich hört man auch manchmal, dass die *Winters* nicht mehr so viel Schnee bringen als wie früher. Und dass die *Brüders* sich wie ein Ei dem anderen gleichen.

Anders verhält es sich bei dem „s" mitten im Wort, sofern das Wort zusammengesetzt ist. Das ist dann das so genannte Binde-s, wie wir es beispielsweise vom Wort „Liebesleben" kennen. Es hat in vielen Fällen schon der bequemen Aussprache wegen seine Berechtigung. Die Sprache hat sich hier ein „s" als Überleitungslaut zugelegt, ohne sich nach den Gesetzen der Logik zu richten, hier meist wie gesagt der bequemen Aussprache wegen. Es wird in einem besonderen Kapitel beschrieben.

Man sagt zwar in der Mehrzahl Äste und Hüte, aber in den meisten Fällen wird die Mehrzahl ohne Umlaut geschrieben, wie Hunde, Kragen und Wagen. Diese Unterscheidungen kennt der Rheinländer in seiner Mundart kaum. Die Umlaute können sich hier so richtig mit *Hönd* und *Kräjen* und vielen anderen austoben.

6. De Minge nennt mich de Ming, et Ming odde itt

Wenn Frauen unter sich sind, kann man erfahren, wie unbeholfen Männer sind. Das fängt an mit *de Minge* und gelangt dann zu den lebhaftesten und schlimmsten Erlebnissen. Bis dann die andere sagt: *ävve iésch de Minge.* Dann geht es erst so richtig los. Bei solchen Schilderungen kann man dann erfahren, was ein Mann alles falsch machen kann. Der kann tausend mal im Badezimmer die Lampe ausgemacht und den Klodeckel zugemacht haben und nie hat sie ein einziges Wort gesagt. Wenn er es aber einmal nicht tut, dann folgt ganz selbstverständlich das bekannte *ad widde.* Also *krette et op de Botteramm.*

Andersherum ist es ähnlich: *Wenn ühr wößt, watt et Ming* (oder *itt*) *neulich jemaat hätt; ich saren et ävve net, sons krijje ich et met de Rihf.* Hier hilft dann die rheinische Diplomatie weiter, indem man andeutet und schweigt.

Irgendwann erdreistet sich dann doch einer, umgeht das Wort Frau und erzählt dann einfach etwas *övverem Ming sing* Schwester, also über seine *opjedonnerte* die Nase hochtragende Schwägerin: *Ävve iésch sing Schweste, die es esu huhnäsisch, dämm ränt et bahl en de Nas.*

Die Hauptstraße in Dormagen auf einer Ansichtskarte aus dem Jahre 1920. Die Karte wurde damals von Dormagen nach Paris geschickt.

7. „J" wie Justav

Im Rheinland ist der Anfangsbuchstabe „G" in weiten Teilen unbekannt, weil er durch „J" ersetzt wird. Wenn eine Arbeit *jot flupp*, dann *jeet et wi jeschmiert*. Man besucht sich *jäjensiggisch* und *jenießt* die *jemütliche Jesellichkeit*.

Vor ein paar Jahren wurde in einer rheinischen Stadt ein dickes Mundart-Wörterbuch erarbeitet. Nachdem der Herausgeber die fertigen Bücher in der Druckerei abgeholt hatte, rief er entsetzt den Autor an. Die ganze Auflage müsse eingestampft werden, weil der Anfangsbuchstabe G total untergegangen sei. Und wie erfreut war er dann, als er hörte, dass es hier den Anlaut G überhaupt nicht gibt.

Im letzten Krieg hatten es viele rheinische Mädchen schwer, nachdem sie zur Luftwaffe einberufen worden waren und nun als so genannte „Blitzmädel" für den Telefon- und Funkdienst zuständig waren. Eingepaukt wurde besonders das Alphabet, *et ABC* sagten sie dazu, weil man nun Wörter in sehr vielen Fällen buchstabieren musste. Um Verwechslungen vorzubeugen, gab es für jeden Buchstaben ein Wort. So hieß es dann A wie Anton, B wie Berta, C wie Cäsar und so weiter. Da es wie gesagt in vielen rheinischen Gegenden den Anlaut „G" nicht gibt, konnte man dann von den mit der Mundart groß gewordenen Mädchen beim Buchstaben „J" hören: *Jott wie Justav*.

Natürlich sind so auch unreife Früchte *jrön* statt grün. In der Eifel hat man sogar *jrasjröne Jrompere*, wenn man sie zu früh ausmacht. In dem Dorf Schuld war es früher so, dass man statt einem „j" ein „sch" sprach. Das ist bei älteren Bewohnern teilweise heute noch so. Als im Juni 2007 beim G8-Gipfel in Heiligendamm donnerstags die Bundeskanzlerin im Fernsehen zu sehen war, sagte eine ältere Frau, sie habe ein *schras-schrönes Schakätt* angehabt.

Es ist nun mal so, dass Singsang *Jeduddels* und Gerstensuppe *Jäeschtezupp* ist. Das Gitter am Vorgarten ist natürlich *et Jade-jitter*, Hackfleisch ist *Jehacks* und *jeplötsch* ist eingebeult. *Jenörjels* ist Nörgelei, *Jeschänns* ist Geschimpfe und *Jedresse* ist Kot.

Das Schloss Stammheim stand im rechtsrheinischen Köln fast in der Nähe von Leverkusen. Der hier wohnende Franz Egon Graf von Fürstenberg-Stammheim setzte sich – bis er 1859 starb – laufend für soziale Zwecke ein.

8. Schöner als wie du

Über den Gebrauch von wie und als gibt es eine feste Regel, von der es keine Ausnahme geben soll. Sind zwei Dinge gleich, braucht man „wie", und wenn sie unterschiedlich sind, wird „als" gewählt. So heißt es dann „meine Mutter ist ebenso alt wie deine Mutter" oder „mein Vater ist größer als meine Mutter". „Als" steht somit immer nach der Steigerungsstufe (Komparativ).
Doch dem Rheinländer ist das *schnurzejal*. Bei ihm heißt es sozusagen immer „wie", so dass er gar nicht erst nachdenken muss. Bei einem Vergleich benutzt er das wie, wenn er beispielsweise sagt „dieser Sommer ist schöner wie im vorigen Jahr". Oder es heißt „der Karl hat noch mehr Haare wie ich auf dem Kopf". Man befindet sich damit in guter Gesellschaft mit den alten Schriftstellern, denn auch in Hebbels „Judith" kann man lesen: „Ich glaube, du sahest mehr wie

So sah in den dreißiger Jahren in Worringen das Rheinufer mit der Anlegestelle und der dortigen Gaststätte „Zum Treppchen" aus. Worringen ist im April 1922 nach Köln eingemeindet worden.

andere" und an anderer Stelle „die Väter waren besser wie wir".

Auch heute noch ist die unterschiedliche Anwendung der beiden Wörter bei vielen Menschen immer hoffnungslos geblieben. Als bei einer Quiz-Sendung der Mann bei einer Frage überfordert war, sagte er: „Meine Frau weiß das besser wie ich". Als dann bei einer ähnlichen Sendung eine Frau die Frage gut beantworten konnte, meinte sie, dass ebenfalls ihr Mann die Antwort genau so gut als sie wüsste.

Wenn der Rheinländer allerdings Sorge hat, sein Gegenüber könnte ihm das „wie statt als" übel nehmen, greift er zu einer List. Er benutzt das schon geläufig gewordene „als wie". So heißt es dann etwa auf die Frage nach dem morgigen Wetter, es würde in jedem Fall morgen schöner als wie heute. Im Grunde ist das gar nicht peinlich, denn auch Goethe hat schon in bester rheinischer Art „und bin so klug als wie zuvor" gesagt.

Ähnlich wird „wie statt als" hier auch benutzt, wenn es um die Konjunktion der Zeit geht, wenn es etwa heißt „wie ich zum Bahnhof kam, war der Zug gerade abgefahren". Oder *wi ich die zwei jesenn hann, hann ich jedaach, op jedes Döppche jitt et och e Däckelche.* Vor ein paar Monaten hieß es im Fernsehen, für Gaststätten, die bei Kontrollen immer gut abgeschnitten hätten, gebe es bald ein Gütesiegel. Ein preisverdächtiger Küchenchef meinte dazu, dass dadurch wohl „mehr Gäste wie bisher" zu ihm kommen würden. hierzu ist sogar ein nachdenkliches Sprichwort überliefert: *En schönem Wädde kann ehn ahl Frau mih Heu maache wi em schlächte Wädde de Pastur mem janze Doref.*

9. Verschlabberte Endungen

Es gibt Gegenden im Rheinland, wo die meisten Endungen ganz einfach *verschlabbert* werden. Im *Bonne-Männe-Jesang-Väein* ist beispielsweise überhaupt kein „r" enthalten. So auch *wänn de Wält unge jeet*, wenn es tagsüber bei Unwetter unheimlich dunkel ist. Mittendrin bleibt hier das „r" wie in Herbst und Frühling drin, während es in *Somme und Winte* verloren geht.

Auch das hintere „n" wird gerne verschluckt. So braucht man sich auch nicht zu wundern, dass der in Mainz geborene Musik-Verleger – auch für Ludwig van Beethoven – Nikolaus Simrock im Februar 1818 wie folgt inseriert: Nikolaus Simrock, Bonngasse 391, „nimmt wieder *Bestellung* auf alle *mögliche* in Steindruck zu *fertigende* Arbeiten". Die Einzahl bei „Bestellung" ist auch heute noch möglich, aber dann fehlt das „n" gleich zweimal. Es kann aber auch sein, dass Simrock als geborener Mainzer den Text in bestem Deutsch abgegeben hat und der bönnsche Setzer bei der Zeitung ihn durch das mit ihm verwurzelte Rheinisch vermeintlich berichtigt hat.

Rath auf einer Lithographie aus dem Jahre 1898 mit der Ausflugsgaststätte des Hermann Fink. Unten die damals neue Straßenbahn. Die Karte war bei Schwann in Düsseldorf gedruckt worden.

10. Schlagfertig und versöhnlich

Der Rheinländer ist für seine simple Schlagfertigkeit bekannt. Als einmal ein Hund am Gartenzaun eines Hausbesitzers *singe Baach* machte, redete der Hundehalter sich damit heraus, er würde ja schließlich Steuer für seinen Hund bezahlen. Umgehend bekam er die Antwort: *Dann piss ich dir höck en ding Jehöösch, ich bezahle och Stüer.*

Ein Gewohnheitstäter, der außer *jlöhnlije Iisere* alles mitnimmt, nimmt auch seine Strafe nicht so schwer. Während ein Auswärtiger bei einem Strafmaß von vier Wochen meinte, das sei aber sehr hart, sagte der Rheinländer sich selbst beruhigend *datt setz ich op ehnem Aaschback aff.*

Im Jahre 1815 begann das Ringen der neuen preußischen Behörden in Berlin mit den Eigenheiten der Rheinländer, als König Friedrich Wilhelm III. die spätere Rheinprovinz in das Königreich Preußen eingliederte. Fortan musste sich die rheinische Fröhlichkeit mit dem preußischen Ordnungssinn vertragen. Der Kölner Bankier Johann Abraham Anton Schaaffhausen war nicht begeistert davon, was durch seine Worte *Dóh hiéróde me ävve en ehn ärem Famillich* bekannt geworden ist.

Als in den siebziger Jahren des vergangenen Jahrhunderts die Bonner U-Bahn gebaut wurde, war es während der Rammarbeiten für einen in der Nähe praktizierenden Zahnarzt unmöglich geworden, seine Patienten erschütterungsfrei behandeln zu können. Der Mann von der Ramme schlug einen Ausweg für die Fälle vor, in denen der Zahnarzt eine komplizierte Behandlung habe: *dann tut ihr eine Fahne heraus, dann tue ich nicht rammen.* So wurde es dann für viele Wochen mit bestem Ergebnis gehandhabt.

Das Schloss Wahn, wie es Alexander Duncker im 19. Jahrhundert gesehen hat. Das Schloss ist nach dem Zweiten Weltkrieg aufwendig restauriert worden.

Eine Kölner Ansichtskarte aus dem Jahre 1900 zeigt als Lithographie den Dom und die Pfarrkirchen St. Maria im Kapitol und St. Aposteln. Außerdem das Bismarck-Denkmal und das Jahn-von-Werth-Denkmal.

11. Gespielte oder echte Einfältigkeit

Es gibt im Rheinland eine Sorte Menschen, die sich für den nicht Eingeweihten so geistesarm stellen können, dass man die Wahrheit vom Gesponnenen nicht unterscheiden kann und so auf sie hereinfällt. Nicht selten legt ein Fremder sich dann mit dem vermeintlichen Blödmann an und freut sich, was er durch seine Überlegenheit alles richtig stellen kann. Aber in Wirklichkeit ist es so, dass das Schlitzohr sich über die vermeintliche Überlegenheit des anderen freut.

Sich dumm stellen auf Kosten anderer kann sogar zur Leidenschaft werden. Man muss dazu je nach Bedarf eben intelligent oder trottelig wirken. Solch ein verschmitzter Schlaufuchs wurde beispielsweise beobachtet, wie er auf dem Flohmarkt den Preis einer antiken Vase wissen wollte. Weil diese über hundert Jahre alt war, war der Preis natürlich hoch. Darauf sagte er zur Anbieterin: *für datt Jäld krijje ich joh ehn neue Vas.* Die Folge davon war, dass er sich nun einen langen Vortrag anhören konnte, warum Altes teurer als Neues sein muss. Er stellte sich aber weiter dumm und verständnislos, eben um so den Preis *eronde zu krijje.* Dann mauste er so lange in seinem Geldbeutel, bis es so aussah, als müsse er seine letzten Groschen ausgeben. Und das dann noch mit den Worten *jetz moss ich ze Foß nóh Hus jonn.* In Wirklichkeit hatte er seinen großen Mercedes auf dem nahen Parkplatz stehen.

Ein ähnlicher Fall ereignete sich beim Hausarzt, der ein Belastungs-EKG angeordnet hatte. Nachdem die Schwester die erforderlichen Kabel an dem *Knallkopp* befestigt hatte, sollte er – wie er äußerte auf einem Fahrrad – kräftig treten. Dann folgte die unerwartete Frage: *hadde dann kehn Moped?* Nun wurde er zu seiner großen Freude ausgiebig aufgeklärt, warum es kein Moped sein dürfe.

Besonders originell ist es, wenn zwei vom selben Kaliber aneinander geraten. Ein in der Fußgängerzone rechts vor dem Schlitzohr gehende Frau biegt plötzlich nach links ab und stößt mit ihm zusammen. Er sagt nur so vor sich hin *noch net emól vürher aanjezeich*. Dann dreht die Frau sich herum und sagt *Entschuldijung, minge Richtungsanzeijer es kapott*.

Ähnlich gibt es hier Menschen, die einem die Wahrheit und das was ihnen nicht gefällt ähnlich wie durch die Blume im Spaß sagen. In Wirklichkeit meinen sie es aber im Ernst. Ihnen nimmt man es jedenfalls nicht so krumm wie dem geradeaus Redenden. Oft ist es so, dass man auch mit den klügsten Rückfragen nicht heraus bekommt, ob die Aussagen im Ernst oder im Spaß gemeint sind.

KÖLN. Gesamtansicht mit Hängebrücke

Die Kölner Rheinansicht mit der von 1913 bis 1915 erbauten Hängebrücke im Vordergrund. Vorher befand sich dort die Schiffsbrücke aus dem Jahre 1822.

12. Fünf Pfennige Marktgebühr

Wenn man heute auf dem Flohmarkt sieht, wie die einzelnen Stände mit dem Augenmaß „vermessen" werden, um die Höhe des Standgeldes zu ermitteln, wird kaum glauben, dass die Bauern oder besser gesagt Bauersfrauen einmal mit ihren vollgepackten Körben ohne Gebühr auf dem Markt ihre Erzeugnisse anbieten konnten. In der ersten preußischen Zeit setzte man dann aber die Gebühren für die Benutzung des Marktplatzes fest. So kam es schließlich im Jahre 1826 „zur Nachachtung des Publikums" mittels Aufstellung einer Tabelle für die Markttarife mit 39 Positionen.

Am billigsten war der Verkauf von Brenn- und Anmachholz, wofür ein Pfennig zu zahlen war. Das sehr klein gemachte Anmachholz war sehr begehrt, weil man zumal im Sommer drei- bis viermal am Tage den Herd anmachen musste, während er im Winter „durchlief" „Für einen Korb oder Mangde Gemüß oder sonstige Viktualien oder 1 Sack Kartoffel" waren 5 Pfennige fällig. Je 10 Pfennige hatte man für Stände mit Sämereien, gewässertem Stockfisch sowie „irden Geschirr, Porzellan und Steingut" festgesetzt.

Eine solche Ansichtskarte aus Godorf erhielten um 1900 Verwandte und Bekannte zugeschickt. Man sieht darauf Gesamtansicht, Kirche und Schule und zwei Straßenbilder, die hier besonders gut gelungen sind.

13. Falsch „verhochdeutscht"

Es war üblich, dass man Familiennamen in der Mundart-
form aussprach und hin und wieder sogar so schrieb. So
erschien der Bauer Krahe in der Liste der Marktbeschicker
als Hermann *Kroo*. Manchmal ging das auch umgekehrt,
indem man vermeintliche Mundartnamen falsch „verhoch-
deutschte". Den Landwirt Piel aus Lengsdorf nannte man
eines Tages Anton Peil in der Meinung, so würde er in Hochdeutsch heißen. Ähnlich erging es aber auch Gegenständen.
Eine Kiepe wurde so zu einer „Kippe mit Geflügel", wofür
man als Marktverkäufer einen Silbergroschen als Stand-
geld zahlen musste. Am teuersten in der Liste war eine Gebühr von 15 Silbergroschen, die „für eine große Bude mit
Ellenwaren, Mode- und Galanterie-Waren" zu zahlen war.
Mit Eisen- und Stahlwaren kam man mit 11 Silbergroschen
davon.

Der Gutsbesitzer Adolf Wolf aus Poppelsdorf verkaufte
1815 billig „etliche tausend Bohnenrahmen". Weil man hier
Bonneröhm für Bohnenstangen sagte, hatte man die *Röhm* zu
„Rahmen" verhochdeutscht.

Weil es auf dem Kölner Markt für Obst und Gemüse ein paar
Pfennige mehr als in Bonn gab, zogen viele der zwischen
Köln und Bonn lebenden Bäuerinnen mit ihrem voll-
beladenen Korb auf dem Kopf morgens in *allerherrjottsfröh*
zum Schrauber genannten Marktschiff. Manche stellten nur
ihren Korb dort ab und gingen zu Fuß neben dem Schiff her,
um so wieder ein paar Pfennige zu sparen.

Weiß, südlich von Köln, auf einer Farblithographie aus dem Jahre 1898.
Dargestellt sind eine Gaststätte, die Volksschule und die uralte Kapelle St. Georg,
die 1944 zerstört und 1965 neu aufgebaut wurde.

Das Brühler Schloss, wie es Alexander Duncker in der zweiten Hälfte des 19.
Jahrhunderts veröffentlicht hat. Es wurde durch Kurfürst Clemens August (reg.
1723-1761) erbaut und durch Kurfürst Max Friedrich (reg. 1761-1784) vollendet.

14. Holen, anholen, zuholen

In vielen Gegenden des Rheinlandes wird nichts gebracht und nichts genommen, sondern es wird fast alles geholt. Für einen möglichen Prozess holt man sich einen Rechtsanwalt und für eine schwierige Reparatur holt man sich einen Handwerker. Auch einen Schnupfen kann man sich holen, neuerdings sogar einen Virus. Ein Kind wird im Rheinland zwar auch amtlich adoptiert, in der Erzählung dagegen *aanjehollt*. Eine Frau kriegt zwar ein Kind, aber die Hebamme holt es.

Der Bauer holt seine Tiere von der Weide, während seine Frau vor dem Haus sitzt und eine Gans rupft und ausholt. Wenn ihr Kleid zu weit geworden ist, wird ganz einfach *e Stöck enjehollt*. Auch beim Stricken muss sie an einer bestimmten Stelle *aanfange enzeholle*.

Man kann auch für einen anderen ein Gespräch *aanholle* oder beim Einkaufen *jätt metholle*.

Je nach Appetit kann man *affholle* oder *zoholle*. Das merkt man am besten, *wämme sich en neue Botz holle moss, weil me die ahle net mih zokrett*. Manchmal wird beim Holen sogar das Gegenteil ausgedrückt. Hat jemand Selbstmord begangen, *dann hätte sich et Lävve jehollt*. In Wirklichkeit hat er es doch eher weggeschmissen.

Als im Jahre 1944 die Bombenangriffe auf das Rheinland immer dichter wurden, sagte der alte Barthel beim Kartenspiel zu seinen Herzblättchen-Freunden in kurzer und dennoch weiser Weitsicht: *Ich wönsch dänne en dänne Pilote nix Schlächtes, ävve se möten jeden Daach ehn Pond zoholle.*

Hierhin passt auch der Ausspruch: *Em Alter höllt alles aff, nur de Vürwetz höllt zo.*

Die Kölnstraße in Düren auf einer Ansichtskarte aus dem Jahre 1914. Sie wurde an eine Bekannte in England geschickt, die Sammlerin von Ansichtskarten war.

Diese Abbildung des sehr alten Rathauses in Aachen wurde in Berlin nach einem bekannten Gemälde gedruckt. Auf der Fassade des Rathauses findet man die Standbilder der hier gekrönten Herrscher.

15. Der rheinische Infinitiv mit am und mit drahn am

Zu Erklärung des rheinischen Infinitivs wird gern der Satz *ich benn die Koh am Stätz am Stall am eruss am träcke* gebraucht.

Für die Zeitwörter gibt es fünf Zeiten, die Gegenwart (Präsens) „ich arbeite", die Vergangenheit (Imperfekt) „ich arbeitete", die Vollendung in der Gegenwart (Perfekt) „ich habe gearbeitet", die Vollendung in der Vergangenheit (Plusquamperfekt) „ich hatte gearbeitet", die Zukunft (Futur) „ich werde arbeiten". Darüber hinaus gibt es noch den rheinischen Infinitiv (Nennforn) „mit am" und mit

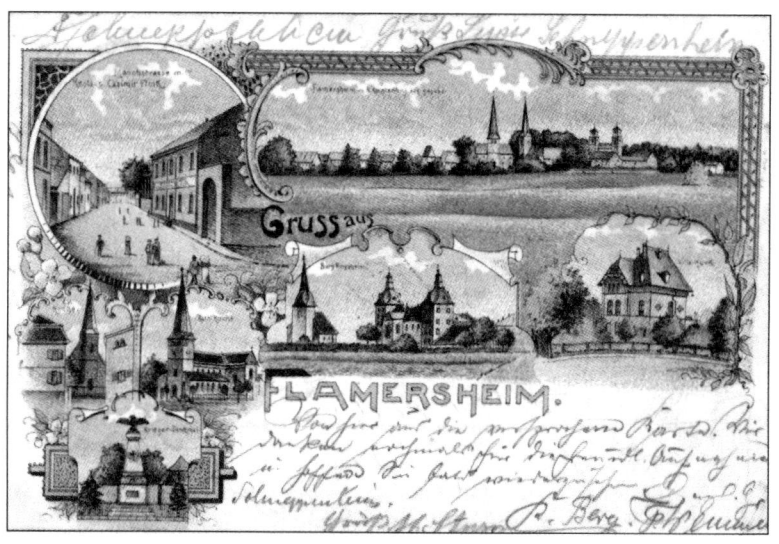

Eine sehr schöne Lithographie aus dem Jahre 1898 zeigt die Ortschaft Flamersheim. Dargestellt sind die Gesamtansicht, die Mönchstraße, beide Kirchen und die Burg Ringsheim.

„drahn am". Somit heißt es dann „ich bin am arbeiten" und noch länger hingezogen „ich bin drahn am arbeiten".

Wenn eine Frau mit der Wolle *am Frickeln* ist, dann hat sie Pech beim Stricken, sie hat ganz einfach *jepruddelt*. Und wenn der Mann *am brasseln* ist, dann sieht man erst an der Mine des Erzählers, ob der Mann schnell oder langsam arbeitet. Denn zwischen einem *Brasselkopp* und einem *Brasselemanes* gibt es einen großen Unterschied.

Wenn der Rheinländer sagt *et ränt*, dann regnet es nur mal so. Sagt er aber *et es am rähne*, dann dauert der Regen eben etwas ausgedehnter, man hat länger was davon. Wenn es aber heißt, *et es drahn am räne*, kann man damit rechnen, dass es so schnell nicht mehr aufhört, der Regen zieht sich eben hin. Dieser Infinitiv wird besonders gern von Handwerkern benutzt, die ihr Kommen schon mehrfach verschoben haben. Wenn er eines Tages dann doch gekommen ist, heißt es dann zur Beruhigung *ich ben jóh ad drahn am arbede.*

Wenn einer *am verkaleke es*, dann handelt es sich je nach Betonung des „a" in *verkaleke* um einen leichten bis schweren Fall. Wer jedoch *drahn am verkaleke es*, bei dem kann der Gedächtnisschwund sich noch lange hinziehen, so dass der Fall genau genommen noch gar nicht so schlimm ist. Schön langsam wirkend ist auch der Satz einer gehbehinderten Frau, die mehrere Wochen brauchte, um mit vielerlei Hilfen vom Dachgeschoss zu ihrer Tochter im Erdgeschoss umzuziehen. Bei ihr hieß es nach Monaten noch: *ich ben drahn am öm-am-träcke.*

16. Der rheinische Imperativ

Um nicht mit der Tür ins Haus zu fallen, sagt der Rheinländer manchmal Dinge, die er umgekehrt meint. Hierzu gehört auch der rheinische Imperativ. Zu jemandem, der laufend erfundene Geschichten an der Biertheke erzählt, sagt plötzlich einer der Zuhörer: *lüch wigge*. Man sagt dem verkappten Münchhausen hiermit durch die Blume, dass man seine Lügengeschichten erkannt hat, er könne ruhig so weiter machen.

Im Grunde ist der Rheinländer im Gebrauch des Gegenteils kaum zu übertreffen. Sagt er *esu wigg kütt datt noch*, dann will er damit ausdrücken, dass er gar nicht will, dass es so weit kommt. Sagt er *ich weeß et net*, dann weiß er es doch, er will nur nicht zu hart widersprechen. Er braucht diese vier Wörter als Zwischensatz, um dann unbefangener seine Gegenteilige Meinung sagen zu können, um ihn nicht zu beleidigen: *Er sät et mem Höhnekläuche.*

Das Schloss Bürresheim im Nettetal bei Mayen war ursprünglich im Besitz des Eberhard von Neumagen. Später gelangte es an die Erzbischöfe von Köln und Trier.

17. Wegen mir, von mir aus oder meinetwegen

Als ein Studienrat in der zweiten Klasse eines Gymnasiums der Reihe nach alle Schüler fragte, ob es richtig „wegen mir", „wegen mich" oder „von mir aus" heiße, entschieden sich grob gesagt je ein Drittel für diese drei Möglichkeiten. Doch keiner kam auf die richtige Antwort „meinetwegen". So ist das eben im Rheinland. Als dann der Studienrat alles aufklärte, meinte ein Schüler treuherzig „wegen mir kann es ruhig von mir aus oder auch meinetwegen heißen".

In einem Schulaufsatz über den Regen konnte man lesen: „Von mir aus braucht es überhaupt nicht zu regnen, wenn die Bauern nicht den Regen brauchen täten. Wegen mir kann es aber nachts regnen, denn dann tue ich ja nichts davon merken." Die Lehrerin schrieb an den Rand, am Satzanfang müsse richtig „meinetwegen" stehen und auf „tuen und täten" könne man in der deutschen Sprache fast immer verzichten.

Aber auch junge Sängerinnen benutzen statt „meinetwegen" in vielen Liedern das in den letzten Jahren üblich gewordene „wegen mir" immer häufiger. „Wegen mir" kann in diesen Liedern der Umworbene alles mögliche machen, weil ihm im vorhinein schon alles verziehen wird. Nach ein paar Ehejahren werden diesem vormaligen Freund die selben Dinge dann vorgeworfen, weil sie jetzt als leidige Abarten empfunden werden. So ändert sich mit der Zeit die Ansicht von der blinden Liebe bis zur sonderlichen Eigenart.

18. Der ihrer nötig hat

Besonders holprig war schon immer das Deutsch auf anonymen Plakaten und sonstigen Anschlägen, denn bei den Verfassern handelte es sich meist um wütende Einzeltäter, die nicht immer die beste Schulbildung hatten. So endete ein an einer Kirchtüre angeschlagenes Gedicht gegen den Landrat mit: *Landrath du armer Tropp, mir kriegen dich mit dem jrise Kopp.* Tropp und Kopp reimten sich hier sogar noch was man beim folgenden „Schelmen mit anmelden" nun mal nicht behaupten kann:

Bis zum Einzug der französischen Soldaten unter Napoleon im Jahre 1794 hatten in einem Teil der Eifel die Grafen von Blankenheim das Sagen. Der fromme Franz Georg Graf von Blankenheim, der von 1694 bis 1731 regierte, gründete in Blankenheim ein Seminar für junge Priester, damit diese noch weiter studieren und gleichzeitig im Gottesdienst und in der Schule aushelfen konnten. Weil das Pfarrhaus fünf Mansarden hatte, war die Unterbringung einfach. Womit aber keiner rechnen konnte, war, dass mit dem späteren Pfarrer Peter Zours im Jahre 1736 auch seine beiden hübschen Schwestern in das Pfarrhaus einzogen. Statt fromm zu sein, sah man fortan einen der Seminaristen auf Kirmesbällen das Tanzbein schwingen. Man konnte ihn auch durch Blankenheim reiten sehen. Er saß allerdings nicht allein auf dem Pferd, sondern mit einer der beiden Schwestern. Die empörte Bevölkerung malte ein Protestplakat und hing es an die Tür des Pfarrhauses mit der Aufschrift: „Hier wohnen Huren und Schelmen, der ihrer nötig hat, kann sich anmelden." Der abtrünnige Seminarist ist später auf der teils als Besserungsanstalt eingerichteten Burg Lessenich gestorben.

Hier sehen wir in Rheinbach die Straße „Vor dem Voigtstor" von Osten her. Ganz hinten erkennt man die Pfarrkirche St. Martin. Ganz links ein Teil des erzbischöflichen Konvikts „Collegium Hermannianum".

Im Jahre 1906 wurde diese schöne Ansichtskarte mit dem Mädchenpensionat der Ursulinen in Hersel von hier nach Holland geschickt. Außerdem sind hier die damals neue Pfarrkirche St. Ägidius und das Restaurant „Zur Post" zu sehen.

19. Bei mich gekommen

In früheren Jahrhunderten war es in vielen Gegenden üblich, dass man „dich statt dir" und „mich statt mir" sagte. Selbst bei Lessing, Wieland und Goethe können wir das nachlesen. Auch bei Schiller heißt es: „wer ruft mir?" Auch heute ist das noch so, dass es in manchen Gegenden heißt „ich versichere dich, dass es sich so verhält". Hier geht man auch nicht zu jemanden, sondern *bei ehne*. Bekannt ist die nicht immer ernst gemeinte Aufforderung *komm jätt bei mich bei*. Statt „zur" sagt man hier auch „geh mal bei de Oma".

Genau genommen heißt es ja auch, „ich trete dir auf den Fuß", statt „ich trete dich auf den Fuß". Dagegen richtig ist „ich trete dich in den Staub". Besonders sagt man den Aachener nach, dass sie „mich und mir" nicht unterscheiden können. So gab es dort auch einmal die Frage „kannst du mich sagen, wie viel Uhr es ist?" Der Befragte antwortete „ich kann dich das nicht sagen, ich hab meine Brille vergessen". Das ging dann weiter indem der andere sagte „dann zeig mich die Uhr mal".

Als einmal ein Aachener und sein am Rhein wohnender Freund durch Paris gingen und am Ufer der Seine ein großes Schild mit der Aufschrift „Défense d'afficher" sahen, wollte der eine sich besonders klug erweisen. Er habe schließlich Latein gelernt und wegen der Fische in der Seine könne das doch nur „Fischen verboten" heißen. Als sie dann in die Innenstadt kamen und weit und breit kein Wasser zu sehen war, stand dort an einem Bauzaun wiederum ein Schild mit dem selben Text. Während „der Kluge" noch dachte, „hoffentlich sitte datt nit", verspürte er schon ein *Tuppen* auf seiner Schulter, während die andere Hand des Aacheners auf das Schild zeigte. Und aus seinem Munde kam die peinliche Frage: „*Woh sinn mich dann heh die Fisch?"*

Die damalige Koblenzer Straße in Bonn mit dem 1897 fertiggestellten Gebäude der Lesegesellschaft, das im Zweiten Weltkrieg zerstört wurde. Ganz im Hintergrund ist schwach das Koblenzer Tor zu erkennen.

In den Jahren 1930 bis 1933 wurde im Bonner Süden die Hochschule für Lehrerbildung erbaut. Hier tagte 1948 der Parlamentarische Rat und nach Erweiterungen wurde das Gebäude schon 1949 das Bundeshaus der Bundesrepublik Deutschland.

20. Das gleiche ist nicht das selbe

Im Rheinland ist es üblich, dass man „die selben" viel lieber als „die gleichen" Dinge benutzt und nennt. Man hat ganz einfach den Unterschied der beiden Bedeutungen und deren Folgen nicht gelernt. Ein zugezogener Zahnarzt staunte nicht schlecht, als ein Patient auf seine Frage nach der benutzten Zahnbürste antwortete, er gebrauche „die selbe Zahnbürste", die er ihm schon vor 25 Jahren empfohlen habe. Doch in Wirklichkeit wollte er lediglich ausdrücken, er würde immer noch brav das damals empfohlene Fabrikat benutzen.

So erzählte denn auch jemand, er fahre schon dreißig Jahre immer das selbe Auto. Er wollte aber lediglich ausdrücken, dass er so lange schon beim selben Typ geblieben ist. Ganz ähnlich meint mancher Rheinländer auch, dass er immer am selben Tag Geburtstag hat, obwohl er doch jedes mal ein ganzes Jahr älter geworden ist, das Jahr eine neue Zahl erhalten hat, und somit auch einen neuen Geburtstag.

Der Rheinländer nimmt es auch mit dem so genannten Mittelwort nicht sehr genau, das zwischen Eigenschaftswort und Zeitwort steht. In einem Bericht stand beispielsweise: „Der von Hagen ermordete Siegfried hatte Gunthers Schwester Kriemhild geheiratet." Das geht natürlich nicht, weil ein Toter nicht heiraten kann. Richtig müsste man den Satz wenden und schreiben: „Siegfried hatte Gunthers Schwester Kriemhild geheiratet, später wurde er von Hagen ermordet."

21. Verkleinerte Gestalten

In manchen Gegenden des Rheinlandes werden Menschen und Sachen ohne jeden Grund klein gemacht. So erzählte jemand, die *Kehrmännchen* wären em *Melechbüdche* ihre Pause „am machen". Der Angesprochene sah kein Büdchen, sondern einen großen Milchausschank, und unter den *Kehrmännchen* war sogar ein Zweimetermann. Ähnlich gibt es große *Iismännchen*, die im Sommer manchmal in ihren fahrbaren *Isswäjelchen* an belebten Stellen stehen und ihr Eis anbieten. Als diese *Wäjelchen* noch nicht motorisiert waren, hießen sie *Isskärchen*. Warum das so ist, weiß keiner.

Dann gibt es noch die Lehrmädchen und Ladenmädchen, die auch nicht klein sein müssen. Das Kleinsein wird durch Vornamen oftmals bis ins hohe Alter beibehalten, wenn wir in der Zeitung lesen, dass im hohen Alter ein Kathrinchen oder Trautchen gestorben ist.

Wenn es aber heißt, dies und das hätte ein *Kruttjöngelche* verkehrt gemacht, dann kann man davon ausgehen, dass der Täter wirklich noch sehr jung war. Sagt man aber ausnahmsweise von einem ausgewachsenen Mann, er sei noch ein *Kruttjöngelche*, dann ist das einer, der in seinem Wesen vermeintlich nie richtig erwachsen geworden ist. Dann gibt es noch die Fälle, wo ein älterer Mensch *kindisch* oder *verkindsch* ist. Man sagt aber auch zu jüngeren Leuten, *stell dich net esu kindisch aan.*

Mit der bei kleinen Kindern benutzten Kindersprache kann man sich mit den Verkleinerungen erst so richtig austoben, wenn etwa *datt Klehn sich et Mäjelche verdoreve hätt* oder *wenn datt leve Puselche* seinen Eltern große Freude macht.

So wie die *Iismännchen* und *Kehrmännchen* in unerklärlicher Weise verkleinert werden, können umgekehrt junge Frauen schon auf alt gemacht werden, zumal wenn sie nachteilig auffallen. Dann können zwanzigjährige Frauen im Rheinland schon *en ahl Schreckschruf* oder *en ahl Zänkesch* sein.

Der Heidelberger Maler Heinrich Hoffmann hat im Jahre 1908 diese Ansicht des Hofgartens mit der 1818 durch König Friedrich Wilhelm III. gegründeten Bonner Universität für den Druck einer Ansichtskarte hergestellt.

Der Bonner Marktplatz im Jahre 1910 mit dem im Jahre 1738 fertiggestellten Rathaus. Links das Hotel „Im Sternen" wurde durch Zukauf von Nachbargrundstücken zu dem großen Hotel „Zum goldenen Stern".

22. Selten schönes Wetter

Es gibt Wörter, die man nicht in die Rheinische Mundart übersetzen kann. Manchmal sogar ganze Sätze nicht, wie „ich liebe dich". Dann wird ganz einfach umschrieben mit *ich hann dich jäen*. Ähnlich ist es bei Redensarten, wie bei „die Zeit enteilt wie im Fluge". Etwas umständlich heißt es hier *de Zick jeet eröm, als wenn se fleje dät.*

Das Wort „selten" kann man kann man auch nicht übersetzen. Am besten würde man es gar nicht verwenden, weil es zu Irrtümern führen kann. Bei manchen Kaufleuten hat sich längst eingebürgert, das Wort „selten" statt „außerordentlich" und „ungewöhnlich" zu benutzen.

Wenn der Rheinländer aus dem Urlaub kommt und sagt, er hätte selten schönes Wetter gehabt, dann gibt es zweierlei Extreme: ausnehmend schön oder größtenteils schlecht. Man muss eben darauf achten, ob das Wort „selten" extra stark betont wird, denn dann war das Wetter gut.

Dann gibt es auf die Frage nach dem Wetter noch eine ironische Variation. Wenn der Rheinländer mit einem lang gezogenen „ja" antwortet und das „schön" nicht betont, dann meint er normalerweise das Gegenteil. Mit *jah, mir hatten e schön Wädde* war das Wetter eben schlecht. Wenn es wirklich schön war, bleibt das „ja" und „e" weg und das „schön" wird betont. Man muss also gut zuhören können, denn der Rheinländer hat ein besonders gutes Sprachgefühl. So ist es auch bei dem Ausspruch *ich weeß et net.* Je nach Tonfall meint man nämlich, dass man es doch weiß, doch man will nur nicht direkt widersprechen. Man braucht diesen Zwischensatz nur, um dann unbefangener seine gegenteilige Meinung sagen zu können. Man sagt es also durch die Blume. Ähnlich heißt es auch *esu wick kütt datt noch,* will aber nicht dass es so weit kommt. Auch die Behauptung *sujätt hann ich ming Läbbdahch noch net jesenn* muss nicht stimmen. Man drückt mit diesem Satz nur aus, dass man etwas Bestimmtes für unmöglich hält.

„Ein selten schönes Mädchen" ist im Rheinland ein sehr schönes Mädchen oder besser gesagt ein außerordentlich schönes Mädchen. Wer auf das Wort selten nicht verzichten will, muss eben sagen „ein Mädchen von seltener Schönheit".

Der Kaiserplatz in Bonn im Jahre 1908. Im Vordergrund der Springbrunnen, der in veränderter Form heute noch besteht. Im linken Eckhaus wurde die „Bonner Zeitung" gedruckt.

23. Beten auf dem Rhein

Im Rheinland gab und gibt es eine große Zahl von Wallfahrtsorten, die großenteils mit Schiffen zu erreichen sind. Obwohl es viele Fußprozessionen gibt, wie beispielsweise nach Kevelaer, Swisterberg und Walldürn, waren die Schiffswallfahrten immer sehr begehrt, weil noch vor Erreichen des Wallfahrtsortes eine Gemeinschaft entstand. Oft gab es auf dem Schiff schon eine heilige Messe, die mittels Lautsprecher auch in die untere Räume übertragen werden konnte. Wenn nicht gebetet wurde, konnte man mit den Nachbarn erzählen und bei längeren Reisen die Mahlzeiten einnehmen. Schon für das Jahr 1610 sind Wallfahrten von Koblenz nach Bornhofen zum Gnadenbild „Unserer Lieben Frau" bekannt. Damals ging man hin zu Fuß und fuhr mit dem Schiff zurück.

Eine ähnlich beliebte Wallfahrt geht Ende Juli nach Remagen zum Haupt des heiligen Apollinaris auf dem Apollinarisberg. Zum Heiligen Rock nach Trier fuhr man normalerweise mit dem Schiff bis Koblenz auf dem Rhein und dann weiter auf der Mosel.

Den Rhein benutzten auch die Pilger aus dem Raum Main und Oberrhein, wenn sie zur alle sieben Jahre stattfindenden Heiligtumsfahrt nach Aachen zogen. Ab Mainz fuhren sie gemeinsam mit dem Schiff bis Köln und gingen dann bis Aachen zu Fuß.

Da zu Hause nicht immer alles ohne Sorgen ablief, sind viele – wie Alban Stolz schrieb „geplagt und geärgert" – zu Pilgern geworden, um einmal aus dem Dorf herauszukommen und den Alltagstrott zu vergessen.

Manche Orte waren dafür ausersehen, dass junge Mädchen hier für eine gute Ehe beteten. *Ich fahre met, für ehne jode Mann ze krijje* hieß es dazu. In manchen Jahren gab es aber auch Klagen der Obrigkeit, dass die Partnersuche schon während der Wallfahrt begonnen wurde. Solche Bittgänge wurden *Poussierprozessionen* genannt.

Wer durch seine Wallfahrt etwas Besonderes erreichen wollte, versuchte dies durch allerlei Erschwernisse zu verstärken. Etwas versprechen sagte man dazu. Manche legten sich Erbsen in die Schuhe oder rutschten die letzte kleinere Strecke auf Knien. Als einmal das letzte Stück bergan starker Regen einsetzte, zog sich eine Frau ihren Rock über den Kopf. Da dies etwas zu weit ging, sagte eine Nachbarin *Tring, schammst du dich net?* Die Angesprochene ranzte ihren Mann an, weil er ihr nichts gesagt hatte. Darauf meinte ihr Mann treuherzig: i*ch hann jemeent, du hätts datt esu versproche jehatt.*

Vom Turm der Bonner Münsterkirche sieht man hier vorne das Geschäftshaus des Leonhard Tietz am Münsterplatz, das später zum Kaufhof wurde.

24. Wallfahrten nach Pützchen

Der Ursprung des jährlichen großen Markttreibens in Pützchen ist die Wallfahrt zum Brunnen der heiligen Adelheid, die ab 987 Äbtissin im nahen Kloster Vilich war. Als in einer Dürreperiode eine große Hungersnot ausgebrochen war, soll der Legende nach um das Jahr 1000 durch ihre Fürbitte genießbares und „wundertätiges" Wasser in dem nach der Quelle benannten Ort Pützchen aus der Erde geflossen sein. Da durch dieses Wasser bald vielen Kranken die erflehte Heilung, besonders bei Augenleiden, erzielt wurde, kamen im Laufe der Jahre immer mehr Prozessionen auch aus der weiteren Umgebung hierhin gepilgert.

Da die Wallfahrer auch Hunger und Durst hatten, wurden diese gern in den Wohnhäusern bewirtet. Das war in vielen Fällen zum notwendigen Nebenerwerb geworden. Wenn man im gewohnten Ablauf etwas ändern wollte, standen die Einwohner wie eine große Familie zusammen. Das war im 19. Jahrhundert besonders nötig geworden. Im ehemaligen Kloster neben dem Wallfahrtsplatz gab es eine Detentionsanstalt, das war ein Heim für haltlose Frauen. Für die Leute in Pützchen waren es *verkommene Wiver* oder ganz einfach *Sünderinnen*, die schwerer zu hüten wären als *ehne Sack Flüh*. Bei einem Ausbruch mussten sogar Bonner Ulanen eingesetzt werden, damit wieder alle im Siebengebirge eingesammelt werden konnten. Der Leiter mit dem treffenden Namen Brunnemann hatte es dann im Jahre 1855 fertig gebracht, den hohen Zaun so zu versetzen, dass die Bevölkerung den Adelheidis-Brunnen nicht mehr erreichen konnte. So etwas war natürlich für die Pützchener *onmüjjelich*.

Für die einheimischen Bauern war es eine Kleinigkeit, die Pfähle in einer der nächsten Nächte niederzureißen. Ein schnell aufgebauter neuer Zaun war schon vor Mitternacht wieder verschwunden. Bei Durchsuchungen und Befragungen verhielten die Einwohner sich *zójeknöpp*, also in tiefstem Schweigen.

Nachdem Brunnemann durch die Kölner Regierung von weiteren Schikanen abgehalten werden konnte und ihm weitere Zäune verboten wurden, wurde die Erziehungsanstalt im Jahre 1862 aufgegeben. Anschließend war hier ein Sanatorium für Geisteskranke untergebracht.

Die Wallfahrten zur heiligen Adelheid und zum Brunnen in Pützchen wurden gern von Jugendlichen wahrgenommen. Viele kamen von der mittleren Sieg und aus dem Westerwald, um nach dem Beten ein Mädchen oder Junge fürs Leben aus der Rheingegend kennen zu lernen, weil man hier lieber leben wollte.

Die Münsterkirche in Bonn von Süden gesehen. Nach den ersten Bauarbeiten im 12. Jahrhundert erfolgte im Jahre 1230 die Fertigstellung. Rechts sieht man die Geschäftshäuser zwischen dem Münsterplatz und der Straße „Am Hof".

25. *Datte, kamme* und andere Verkürzungen

Eine besondere rheinische Eigenart ist das Zusammen-
ziehen von zwei Wörtern. *Hadde* heißt habt ihr, *hamme*
haben wir, *jomme* gehen wir, *somme* sollen wir, *kamme* kann
man, *sitte* sieht er und *kodde* kommt ihr. Die Zahl dieser
Zusammenziehungen ist fast unbegrenzt. So gibt es auch
semme (sind wir), *domme* (tu mir, gib mir), *häste* (hast du),
küste (kommst du), *jiste* (gibst du), *datte* (dass du, dass er),
sedde (seid ihr). Sehr bekannt ist hier der Satz: *Hamme kehne
Hamme, nämme me ehn Zang.* Eine ähnliche gleichgültige
Feststellung ist: *küste höck net, küste morje.* Es kommt also auf
einen Tag nicht an.

Das *nämme me* – man könnte noch mehr zusammen-
gezogen sogar nämmeme sagen – kommt manchmal bei
gemeinsamen Einkäufen von Bekleidung oder Schuhen in
gefürchteter Form vor. Meistens trifft die Frau nicht nur die
engere Auswahl, sondern auch die Entscheidung: Hat der
Mann bei Hemden die Kragenweite 42, fallen schon mal die
Größen 42/43 weg, denn die könnten ja zu weit sein. Dann
soll das Hemd mit der Größe 42 bügelfrei sein, wodurch die
Auswahl oft schon auf nur wenige Hemden schrumpft. Nun
erst geht es um Farbe und Muster und den immer noch un-
entschlossenen Mann. Und dann kommt von der Frau das
gefürchtete und endgültige *datt nämmeme.* Auf dem Weg
zum Ausgang oder noch auf der Rolltreppe kommt dann
das *häste* statt „hast du" zum Zuge, wenn die Frau sagt: *jetz
häste jätt Schönes jekräsch, jetz benn ich drahn.*

Auch mit dem *datte* anstatt „dass er" und dem *isse* für „ist
er" gibt es ebenfalls ein Erlebnis. Bei der Besichtigung des
neugeborenen Sohnes, meinte – nach dem obligatorischen
wo isse denn – der junge Vater, der Kleine würde ihm sehr
ähnlich sehen. Doch sein Freund beruhigte ihn mit den
Worten *doh mosste dir nix druss maache, de Haupsaach es, datte
jesond es.*

Hier sehen wir den Bonner Marktplatz, wie ihn der Maler Heinrich Hoffmann im Jahre 1908 erlebt hat. Ganz rechts erkennt man eines der ersten Automobile der Stadt.

Luftaufnahme der Bonner Innenstadt mit der Münsterkirche im Mittelpunkt. Links führt die Poststraße vom Bahnhof in Richtung Münsterplatz. Weiter rechts die Gangolfstraße und noch weiter rechts die Wesselstraße.

26. In Ippendorf „am Pfümpfjen"

Noch vor wenigen Generationen war es zumal in den Dörfern noch üblich, dass manche Bewohner nur ihr angeborenes Platt sprachen und kein Hochdeutsch konnten. So wurde noch lange davon erzählt, wie ein Geschädigter vor Gericht über die ihm angerichteten Quälereien aussagen musste. Ein paar betrunkene Jugendliche hatten ihn nämlich in der Nähe des Gemeindebrunnens übel zugerichtet. Obwohl er kaum ein richtiges hochdeutsches Wort konnte, musste er nun wahrheitsgemäß berichten. In seiner Not versuchte er die ihm bekannten Dialektwörter ins Hochdeutsche zu übersetzen und heraus kam das ringsum bekannt gebliebene: „Zuerst haben sie meine Braut veräuzt, da bin ich mit ihnen in Stritt geritten, dann hann se mich met Reme jeklittsch on och noch met Flastersteen bekuhs. Zelätz hann se mich noch durch de Sode jeschliffen." Der Richter fragte dann noch, wo das gewesen wäre. Die Antwort war „in Ippendorf am Pfümpfjen".

Auch für manche Pfarrer war es nicht leicht, das richtige Schriftdeutsch zu finden. So schrieb der Lengsdorfer Pastor Ferdinand Schlösser zum Tod des 66-jährigen Heinrich Erkelenz am 8. Januar 1786 ins Sterbebuch: „Auf Christabend 1785 ließe ich denselben aus seinem armseeligen Häuslein gegen der Schuhle über gelegen, so mehr ein Schweinstall alß Haus ware, in seiner Schwester Sybilla Wittib Müllers Behausung abführen, wo er wohl verpfleget worden, sonsten in seinem Häusgen wäre er gewis erfroren in der großen Kälte."

In dieser Zeit war auch der Alfterer Pfarrer nicht sehr schreibfest. Er ließ sogar bei einem Sterbeeintrag offen, ob es sich im Juli 1793 beim Tod des Wendelin Kreuzberg um einen Mord oder Unfall handelte. Weil er „des abends circa

10 uhren in seinem eigenen Hoof bei der Haußthür, wo er seine pforte schliessen wollte, durch einen harten schlag am Kopf zu Erden fiel, wo er nach einigen Dagen sprachloß starb."

Die ab 1913 von Bonn bis Königswinter verkehrende Siebengebirgsbahn an der Haltestelle Römlinghoven. Ab dem Jahre 1925 fuhr die Bahn dann bis Honnef durch.

27. Der verschmähte Dativ:
am Montag, *den* 18. Juli 1949

A m 17. Juni 1945 hatten in Köln achtzehn meist ehemalige Zentrumsmitglieder, christliche Gewerkschaftler und Vertreter katholischer Arbeitervereine aus dem Kölner Raum beschlossen, statt des früheren Zentrums eine für alle christlichen Konfessionen zuständige Volkspartei zu gründen. Schon zwei Wochen später arbeiteten sie im Dominikanerkloster Walberberg das erste Parteiprogramm für die neue CDU aus. Die Parteien mussten schnell handeln, da die erste Bundestagswahl am 14. August 1949 bevorstand. Die Landesversammlung der CDU des Rheinlandes fertigte ein Protokoll über die Sitzung „am Montag, den 18. Juli 1949, in Düsseldorf, Haus des Landtags", worin es hieß, dass Dr. Konrad Adenauer aus Rhöndorf in geheimer Abstimmung mit 59 von 60 Stimmen für den Wahlkreis Nr. 10 Bonn Stadt und Land als Bundestagskandidat gewählt sei.

Im Rheinland gibt es mithin Fehler, die kaum auszumerzen sind. In Briefen, auf Plakaten und wie man sieht sogar in der rheinischen Politik kann man immer wieder lesen, dass „am Sonntag, den soundsovielten des Jahres", der Brief geschrieben sei oder dass an diesem Tag eine Veranstaltung gewesen sei. Es leuchtet nicht ein, dass es hinter „am" natürlich „dem" und nicht „den" heißen muss. Leider ist das ein grammatischer Fehler, der in den letzten Jahren auch in anderen Gegenden in Deutschland gebräuchlich geworden ist.

28. „Nebenskosten" im Mietsvertrag

Es gibt in der deutschen Sprache das Fugen- oder Binde-s, wie wir es bei den Wörtern „Liebesleben" und „Mietsvertrag" kennen. Die Sprache hat sich hier ein s zur Überleitung zugelegt, ohne sich nach den Gesetzen der Logik zu richten; und das ganz allein der bequemen Aussprache wegen. Im Laufe der Zeit hat es sich nach unserm Sprachgefühl ergeben, wann dieser eine Buchstabe seine Berechtigung hat und wann nicht.

Manchmal geht das abenteuerlich durcheinander, wenn beispielsweise der Ratsherr im Rathaus sitzt oder die Friedhofsmauer gleichzeitig die Hofmauer des Nachbarn ist. Man kann auch eine Hundswut haben, wenn man sich unsanft an einer Hundehütte und nicht an einer Hundshütte gestoßen hat. Wir essen schließlich auch Rindfleisch und tragen Schuhe aus Rindsleder.

Ob es nun Bratskartoffeln oder Bratkartoffeln heißt, sollte eigentlich für den Dialekt sprechenden Rheinländer nicht so wichtig sein, weil er ja nur seine *Brótäepel* kennt; allerdings ebenfalls ohne das Binde-s! Man kann beliebig viele Beispiele bringen, der Rheinländer hat sich auch in seinem Dialekt diesem abenteuerlichen Sprachgefühl angepasst (oder umgekehrt?). Er sagt *Rótshär* und *Róthus* und spricht die *Kirchhoffsmur* ebenfalls mit dem Binde-s. Wie schon gesagt, er isst zwar *Rindfleesch* und trägt aber gleichzeitig Schuhe aus *Rindslädde*.

Das Schloss Allner hoch über der Sieg bei Hennef, wie es Alexander Duncker in Berlin im 19. Jahrhundert verlegt hat. Das Gebäude wurde um das Jahr 1650 neu errichtet.

Die Benediktinerabtei Michaelsberg um 1908 hoch über Siegburg gelegen. Sehr gut sieht man links das große Zellengefängnis, das hier von 1833 bis 1929 bestanden hat.

29. Nicht übersetzbar

Es gibt sehr viele Wörter, manchmal ganze Satzteile, die man nicht ins Hochdeutsche übersetzen kann. Das ist auch umgekehrt der Fall. Weil man beispielsweise „Kleidung" nicht übersetzen kann, hilft sich der Rheinländer über das Wort „Angezogenes" und kommt so zu dem bekannten *Aanjedonns* oder *Pluute*. Eine Irrenanstalt wird hier zur *Jäckeaanstalt* und das Knöchelchen am Ellenbogen zum Bimsknöchelche, in der Eifel gar zum *jäckisch Knäuchelche*. Rosenkohl wird zu *Spruten* und Kohl zu *Kappes*. Bei *Kappes* ist allerdings Vorsicht geboten, denn wenn jemand *Kappes* redet, dann kommt nur Unsinn heraus.

Hosenträger werden im Rheinland zu *Hälepe*, weil sie zum Tragen der Hose helfen. Ein Kreisel ist ene *Dilledopp* und ein Pellkartoffel ist *ene Quallmann*. „Ich liebe dich" kann man wie schon gesagt gar nicht übersetzen. Dafür gibt es höchstens ein schwaches *ich hann dich jäen*.

Weil der Rheinländer als sparsam bekannt ist, schmeißt er nicht gerne etwas weg. So kann man dann manchmal unter Eheleuten das bekannte *wäref et net ze wick fott, me könnt et noch ens jebruche* hören. Üblich ist, dass man das Teil noch eine Weile aufbewahrt und dann erst wegschmeißt.

Und so ist es umgekehrt, wenn man das richtige hochdeutsche Wort nicht findet: Wer ein böse zugeklebtes Auge hat oder man sieht einen sonstigen sichtbaren Schaden am Auge, muss sich fragen lassen, woher er *datt Klätschohch* habe. Wenn einem im Supermarkt jemand *mem Wäjelche en de Hästere* gefahren ist, dann ist das die Stelle zwischen Ferse und Wade, wo es besonders weh tut. *Zoppen* kann man zwar mit eintunken oder eintauchen übersetzen, aber richtig trifft es nicht. Man kann nämlich auch einen *jezoppt krijje*, das ist so etwas wie eine Ohrfeige. Doch der eigentliche Sinn ist,

wenn man ein hartes Brötchen in den Kaffee *zoppt*, um es
so besser kauen zu können. Wenn die Großmutter so alt ist,
dass sie beim Essen vieles eintunken muss, dann ist sie *ehn
ahl Zoppjroß*.

Diese Ansichtskarte vom Jahre 1903 zeigt das große Abteigebäude in Siegburg und
rechts die Pfarrkirche St. Servatius.

30. Froher Samstagnachmittag zusammen

Als es noch kein Fernsehen gab, war man im Rhein-land für jede Radiosendung dankbar, in welcher der rheinische Dialekt gesprochen wurde. Natürlich musste der Sprecher auch eine Portion Humor haben. Solch eine Sendung gab es in den dreißiger Jahren. Wenn der an-gekündigte Samstag kam, konnte man beobachten, wie die Frauen sich mit der Hausarbeit – besonders dem samstags üblichen Backen und Putzen – beeilten, damit sie bis um 16 Uhr fertig waren. Denn der „frohe Samstagnachmittag" war ganz besonders zur Belustigung der Hausfrauen gut an-gekommen.

Die Veranstalter wussten das natürlich, so dass die drei Mit-wirkenden Rudi Rauher, Hans Salcher und Karl Wilhelmi mit folgenden Worten die Sendung begannen: „Frohen Samstagnachmittag zusammen. Seid ihr alle da? Ist die Milch vom Herd, der Kuchen aus dem Backofen, das Bade-wasser abgestellt? Kann nix verderben, anbrennen, über-laufen? Dann können wir ja anfangen."

Am beliebtesten war natürlich der Hans, weil er als Kölner oder zumindest aus der Gegend so etwas wie der kölsche Tünnes war. Auch weil man ihn am besten verstand und mit seinem *Verzäll* über seinen Sohn *Hermännchen* und die *Tant Judula* die besten Witze brachte. Mitunter unterbrach ihn der norddeutsche Karl, weil ihm alles nicht schnell genug ging, mit seinem „tschä und dä", was „ja und dann" heißen sollte. Hans konterte dann immer mit *du emme met dingem dollen tschä und dä*. Und wenn Karl etwas sagte, was dem Hans nicht glaubhaft erschien, kam vom Hans nur ein kurzes *hür me op met Maien*. Etwas ähnliches sagte auch Karl bei der Schilderung von Hans, wie er in der Mainacht im angetrunkenen Zustand einen Birkenast vom Baum holen wollte und dabei heruntergefallen war. Danach sei er *net nur blau, och jrön on jäel* gewesen.

Außer dem Hermännchen hatte Hans auch noch eine Tochter, die eines Tages mit einem Nachbarjungen, dem *Hubbelreuters Fritz*, ganz still auf dem Sofa saß und Hochzeitsreise spielte. Hans wollte wissen, wo denn das kleine Hermännchen sei. Die Antwort war: *Der litt ungerem Sofa on waht besse op de Welt kütt.* Da Hermännchen bald in die Schule kommen sollte, versuchte Hans nur noch Hochdeutsch mit ihm zu sprechen. So fragte er ihn an einem Samstag mehrmals vergebens, ob er schon sein Haupt gesäubert hätte. Da keine Antwort kam, wurde es dem Hans zu lang und er fiel wieder ins alte Gleis zurück: *Dunnerkiel noch emol, ob du Ferkel dinge dräckije Knüles ad jewäsche häss?*

Blick vom Drachenfels auf den Rhein mit den Inseln Grafenwerth und Nonnenwerth. Der Schiffsverkehr führt zwischen den beiden Inseln durch. Im Jahre 1912 wurde eine feste Brücke von Honnef zur Insel Grafenwerth gebaut.

Das Rheinland in den 1930er Jahren

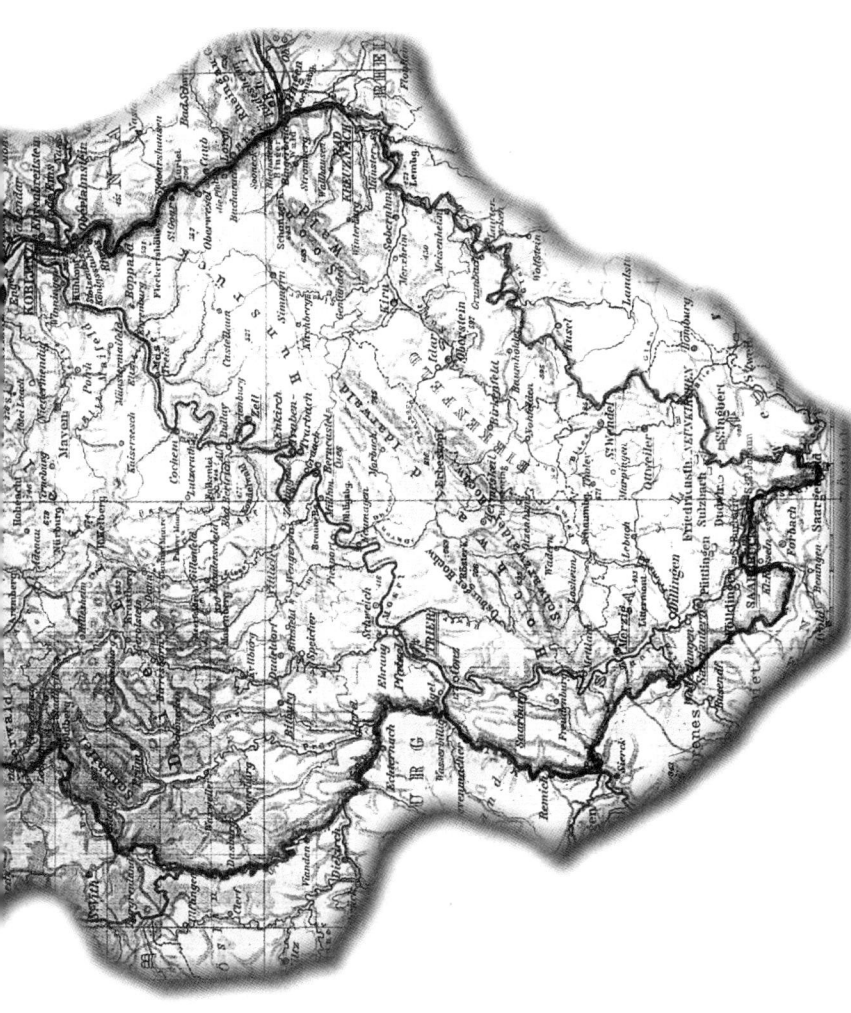

31. „Jeradeaus"

Der Rheinländer ist dafür bekannt, dass er seine Mitmenschen zwar humorvoll, aber nicht zimperlich behandelt. Er sagt seine Meinung jeradeaus, besonders wenn er merkt met *dämm kannste et maache*. Anreden mit *du Jeck* und *du spinnst* oder gar grobe Bewertungen sind üblich. Auf eine unpassende Kritik kommt unweigerlich die Antwort *du Jeck, doh beste ävve om Holzwääsch*. Die Sticheleien können sogar mit dem Wunsch enden: *hätten se dich doch als Kend mem Badewasser ussjeschött*.

Eine Gaststätte führte den Namen „Zum goldenen Eimer". Der hoch oben an einem kunstvoll geschmiedeten Halter hängende Eimer war eines Morgens gefüllt und es stank. Das Wirtshaus hieß in der Umgebung nunmehr „Zum beschessene Ämme".

Weil mit Fluchen angeblich vieles besser gehen soll, gibt es Menschen, die fluchen, *datt de Düvel et en de Höll hüet*. Manche wettern schon los, wenn *inne e Fützje quer steet*.

Die humorvollsten Antworten erhält man, wenn man die Rheinländerin reizt, wie das Beispiel der Marktfrau *Drautschen* zeigt. Sie hatte einen großen Hühnerstall und verkaufte ihre Eier jeden Samstag auf dem Markt. Ihre *nörgelnde* Kundin war die dicke Frau Schmitz, die dafür bekannt war, dass sie überall die Waren heruntermachte, um so besser handeln zu können. Eines Tages kritisierte sie die Eier der Frau Langen, weil diese zu klein seien. *Datt senn jo Duveeier*, sagte sie, *ür möt däe Höhne sare, datt se jrößere Eier läje solle.* Darauf die *net op de Kopp jefallene Marktfrau: Datt hann ich ad jedonn, ävve die Höhne hann jesaat, wäje däe decke Frau Schmitz riiße mir ons net de Aasch op.*

32. *Knudele met Promme*

In schlechten Zeiten, wenn Kinder drohten zu verhungern, hat es im Rheinland immer wieder Menschen gegeben, die durch Spenden dafür sorgten, dass wenigstens die Kinder eine kleine Mahlzeit erhielten. Auch in und nach den beiden Weltkriegen sind viele und vielerlei solcher Speisungen durchgeführt worden.

Während des Ersten Weltkrieges wurden oftmals durch die Kirchen Schulspeisungen organisiert, wozu die Gemeindekassen Zuschüsse gaben. Jeden Morgen versuchten die Kinder so früh wie möglich zu erfahren, was es mittags zu essen gebe. Am größten war die Freude, wenn es hieß *Knudele met Promme.*

Die Versorgung der Bevölkerung war nach dem Zweiten Weltkrieg noch schwieriger als während des Krieges. Katastrophal wurde es im Jahre 1947, als regelrechte Hungerödeme festgestellt wurden. Um zumindest den Kindern zu helfen, wurden Schulspeisungen eingeführt, die vornehmlich aus der Hoover-Spende finanziert wurden. Bei den Kindern war die Biskuitsuppe am beliebtesten. Eine andere Suppe, die bei etwas Glück auch bei Erwachsenen willkommen war, hieß offiziell „kochfertige Suppe". Trotzdem wurde sie im Volksmund sehr bald „kotzfertige Suppe" genannt.

33. Männliche Erfindungen

Unsere rheinischen Voreltern waren mit frühen Erfindungen derart überrascht und verwundert, dass sie diese aus lauter Ehrfurcht mit dem männlichen Artikel bezeichneten. Es gibt abgelegene Gegenden, wo das bei alten Leuten auch heute noch praktiziert wird. Als bei uns die ersten Kartoffeln angebaut und gegessen wurden, hat man immer der Äepel gesagt. Aus lauter Achtung vor dem neuen Essbaren hat man Kartoffeln auch nicht mit dem Messer geschnitten. Auch heute ist es noch üblich, dass man für Pellkartoffel *der Quallmann* sagt. Man sagt auch *der Püree* und neuerdings sogar *der Jratäng*.

Eine wichtige Erfindung war Petroleum, weil man mittels einer entsprechenden Lampe nunmehr besseres Licht ins Haus bekam. Zuerst wurde es noch Steinöl genannt. Es war ganz selbstverständlich, dass man „der Öl" oder „der Petroleum" dazu sagte. Ähnlich sind auch die Bezeichnungen „der Auto" oder sogar „der Motorrad" in manchen Gegenden bis heute nicht ganz wegzukriegen. Auch *der Grammophon*, der Radio und *der Benzin* sind immer noch in Gebrauch.

Sogar bei Verletzungen und Heilungen benutzte man gern den männlichen Artikel. Für große Wunden war und ist teils heute noch nicht das Heilen wichtig, sondern *der Heel*. Das geht bis zum kleinsten Mückenstich, denn während fast überall das Gejucke das Schlimme ist, ist es im Rheinland *der Jöck*.

Da normalerweise nur der Mann einen Beruf ausübte, wurde auch „der Verdienst" männlich genannt und so ist es sogar heute überall üblich und zur normalen Rechtschreibung geworden. Im Rheinland wurde auch das Verdienst im Sinne von Erfolg nie richtig zum „das Verdienst". Hier heißt es nach wie vor *datt janze es singe Verdehns*.

In manchen Gegenden, besonders in der Eifel, wird die Haushälterin und Köchin des Pastors *der Pastursch Kauch* genannt. Ein weibliches Wesen wird zu einem Mann, allerdings nur im Artikel. Vermutlich hatte nach der Vorstellung unserer Vorfahren ein weibliches Wesen im Haushalt eines Pastors nichts zu suchen. Oder sie musste sich immer robust durchsetzen und so ihren Mann stehen.

Ein Schreinermeister aus Antweiler an der Ahr trennte seine Leistungen in seinem 1913 beginnenden Anschreibebuch in zwei Teile: in seine eigene Arbeit für 35 Pfennige pro Stunde und in „der Material".

Neuerdings gibt es sogar viele Menschen, die ihr Handy vergessen haben und sagen dann: *minge Händy hann ich zehus lijje jelosse.* Ein Witzbold meinte sogar, dem Rheinländer zuliebe hätte man den Computer von Anfang an „der Computer" genannt.

Hier sieht man 1901 links den Drachenfels und rechts die kleine Rhöndorfer Marienkapelle mit dem Drachenfels im Hintergrund. Damals musste der Verkehr noch an einer Seite vorbei. Bald danach konnten die Autos an beiden Seiten vorbei fahren.

34. Gesunde Rheinländer

Weil die Rheinländer schon immer als fröhliche Geschöpfe beschrieben wurden, war auch ihr Anteil an gesunden Menschen in den meisten Zeiten höher als in anderen Gegenden. Ausgenommen war immer die Dauer von Kriegen und Besatzungszeiten. Wie etwa um 1814, als die Franzosen hier abzogen und die Russen kamen.

Um 1820 sind nur 2,2 Prozent der Menschen über 80 Jahre alt geworden und 35 Prozent der Kinder starben, bevor sie zwei Jahre alt waren. Nur die Hälfte der Kinder lebten noch, als sie ins heiratsfähige Alter kamen. Da es durchschnittlich fünf Kinder pro Ehe gab, blieben infolge der eben

In halber Höhe zum Drachenfels hat Baron Stephan von Sarter von 1881 bis 1885 die Drachenburg erbauen lassen. Als Sohn einer Bonner Wirtsfamilie wurde er später als Finanzfachmann der Hauptfinanzierer des Panamakanals.

genannten Kindersterblichkeit 2,5 Kinder für die weitere Fortpflanzung. Dies führte besonders auf dem Lande zur allmählichen Überbevölkerung mit der Folge von Auswanderung nach Übersee und Abwanderung in die Städte.

Aus Geldmangel wurden nur selten Ärzte in Anspruch genommen, man half sich lieber selbst mit überlieferten Hausmitteln oder zog Quacksalber und Wunderheiler zu Rate. Ein „Kreisphysikus" sah sich diesen Dingen hilflos ausgeliefert. Er prangerte aber auch das übertriebene Branntweintrinken und das Rauchen an. Sogar sähe man Knaben im Alter von 12 und 13 Jahren schon mit der Pfeife im Mund herumlaufen. Seine Meinung gipfelte in dem Ausspruch: „Was hilft Kerze, was hilft Brill, wenn man doch nicht sehen will."

Im Rheinland gibt es grob gesagt zweierlei Kranke: *e ärm Kranköllech* ist bemitleidenswert und *e jäck Kranköllech* simuliert eher seine Krankheit. So heißt es denn auch: *Wer emme kühmt, der wiéd hondet Johr alt.* Man glaubt dem Kühmbrezzel ganz einfach nicht.

Sehr bekannt ist hier bei einem Treffen die blitzschnelle Antwort *jot* auf die Frage *wie jeet et?* Danach erst fängt der Rheinländer an zu überlegen und denkt, das stimmt ja gar nicht. Wenn dann noch Zeit bleibt, werden die kleinen Wehwehchen aufgezählt. Um dem aus dem Weg zu gehen, gibt es die andere Sorte Mensch, die von vornherein so übermäßig klagt, dass man das alles auch nicht ernst nimmt.

Blick über Rolandseck auf die Insel Nonnenwerth und das Siebengebirge. Der in Rolandseck 1856 fertiggestellte Bahnhof war erst einmal die Endstation der von Köln kommenden Eisenbahn.

35. Tot geblieben

Am 1. Oktober 1913 war der Fahrer der Rheinufer-bahn von Köln nach Bonn vermutlich eingeschlafen. Später sagte er, er habe die Besinnung kurz verloren gehabt. Jedenfalls war er kurz nach Mitternacht ohne an der Station Ellerstraße anzuhalten in voller Fahrt in die anschließende scharfe rechtwinklige Kurve gefahren, so dass die beiden Wagen umgekippt waren. Die meisten der 25 Reisenden wurden verletzt, wovon einer noch in der Nacht in der Klinik verstarb. Außerdem sei aber, wie es in einem anschließenden Bericht hieß, einer „tot geblieben". Das war zu dieser Zeit und ist es teils auch heute noch im Rheinland fast normales Deutsch.

Hier gibt es eben viele Tätigkeitswörter, die man in anderen Gegenden kaum kennt. Da hört man von *glitschen* und von *letschen* statt ausgleiten. Wenn ein Büttenredner oder Karnevalssänger ausgepfiffen wird, dann ist er ebenfalls *jeletsch*. „In Hochdeutsch mit Knaubeln" heißt es auch schon mal *glitschen* für ausgleiten. So kann man in einem Schulaufsatz aus dem Jahre 1825 lesen: „Als ich einmal zu meiner Oma ging, war es so glatt, dass ich zwei Schritte *zurückglitschte*, wenn ich einen Schritt voranschritt. Deshalb habe ich mich herum gedreht und bin wieder Richtung Zuhause gegangen. Und so kam ich, indem ich nun einmal vorwärts schreitend zwei Schritte *zurückglitschtete*, endlich mit viel Mühe bei der Oma an."

Im Rheinland kann man sogar Tätigkeitswörter steigern. Wer besonders heftig lacht, der *laach sich schibbelich* und bei seiner Arbeit ist er so emsig, dass er sich *kapott arbet*.

Doch nun zurück zum tot geblieben. Als es vor einigen Jahren im Rheinland ein mittelmäßiges Erdbeben gab, hieß es in einem abschließenden Bericht, die Hauptsache sei, dass keiner tot geblieben sei. Und als es etwas später auf der Autobahn einen Auffahrunfall gab, konnte man tags drauf in der Zeitung lesen, dass nur einer tot geblieben sei.

Remagen auf einer Ansichtskarte aus dem Jahre 1928. Links die Wallfahrtskirche auf dem Apollinarisberg, rechts die teils 1904 erbaute Pfarrkirche.

36. Machen tun

Interessant sind die Tätigkeitswörter, die man umständlich mit anderen verbindet, wozu besonders „tun" = *donn* zählen. Mit dem „tun" kann sich der Rheinländer so richtig austoben, da gab und gibt es die tollsten Möglichkeiten. Wenn zum Beispiel der Blecharbeiter und Lackierer Peter Joseph Schön bereits im Jahre 1822 für „Feuerzeuge, Schnellzünder und chemische Zündhölzer" wirbt, nennt er sich zuletzt in der dritten Person mit „auch thut er alte verdorbene Feuerzeuge wieder von neuem füllen". Man tut hier auch heute noch Staub wischen. Auch die Aufforderung bei Tisch „tu den Teller jut voll machen" ist immer noch geläufig.

Dieses „tut" wird auch gerne benutzt, um Gedichte oder Lieder besser reimen zu können. Als vor Jahren Jupp Schmitz als Hirtenknabe von Sankt Kathrein wissen wollte, ob er alle seine Schafe zusammen hatte, sang er an der betreffenden Stelle: „da merkt er beim Zählen, es tut ihm eins fehlen".

Ein Mädchen, das stolz und hochtrabend ankommt, *datt hätt ehne Futz em Kópp* oder *datt deet sich ävve ehne Däu aan.*

Das „tut" ist also bis heute nicht wegzudenken. Erst kürzlich haben sich viele Menschen über die Geschäftsgebaren der Obstverkäufer auf dem Markt einer rheinischen Großstadt beschwert. Vorne hätten sie die schönste Ware und hinten würde dann schlechte Ware in die Tüte getan. Die Resonanz in den Leserbriefen war entsprechend. Im Januar 2007 schrieb eine ältere Frau, sie kaufe schon lange nichts mehr bei diesen Händlern. „Vorne zeigen sie die schöne Ware, nehmen tun sie von hinten. Im Geschäft darf ich mir die Ware aussuchen, auf dem Markt nicht. Trotzdem gehe ich gerne über den Markt, denn aussehen tut er ja schön."

37. Es ist nicht immer so gemeint

Die rheinische Sprache ist manchmal sehr drastisch und viel aussagekräftiger als die Schriftsprache. Weil sie ehrlich von innen heraus kommt, ist sie eine Sprache des Herzens. Manchmal ist sie so treffsicher, dass man nicht einmal ein passendes hochdeutsches Wort findet. Man kann auch schon mal eine Aussage machen, die man sich im Hochdeutschen nicht trauen würde. Wie leicht sagt beispielsweise der Rheinländer *du Jäck*, obwohl der Angesprochene bei bestem Verstand ist. *Jäck* ist man hier schon, wenn dem anderen nur eine belanglose Aussage nicht passt.

Manchmal wird auch das Gegenteil von dem gesagt, was man eigentlich meint. Der Angesprochene muss dann selber entscheiden, ob es so oder andersherum gemeint ist. Wenn wie schon gesagt jemand äußert *ich weeß et net* kann zweierlei gemeint sein. Wenn die drei Wörter schnell gesprochen werden, kann man davon ausgehen, dass der Sprecher es wirklich nicht weiß. Wenn sie aber langsam und leiser gesprochen werden, dann weiß er es wohl und will nur nicht so direkt widersprechen. *Er säht et mem Höhnekläuche.* Auch wenn jemand sagt, *esu wick kütt datt noch,* will er in Wirklichkeit gar nicht, dass es so weit kommt.

Nicht ernst gemeint sind auch schon mal Gespräche zwischen Verkäufern und Kunden, besonders an Marktständen. Als ein aufgebrachter Kunde die nicht mehr frischen Tomaten mit den Worten *die kannste dir en de Hingesch stäche* zurück brachte, antwortete der Verkäufer ganz gelassen *datt jeet net, dóh wonnt ad ehn Jurk drenn.*

38. In der Schule

Nicht nur beim Sprechen, auch bei Schulaufsätzen konnten Lehrer und Lehrerinnen leicht feststellen, ob ein Kind besser Platt als Hochdeutsch konnte. Noch vor sechzig Jahren, teils auch noch später, wohnten die Lehrpersonen im Ort oder in der näheren Umgebung und hatten sogar Verständnis für sprachliche Fehler. Selbst zugezogene Kinder, denen zu Hause die „bäurische Sprache" verboten wurde, lernten sie meist schon in kurzer Zeit von ihren Spielkameraden. Sie lebten schon früh gewissermaßen zweisprachig auf, während die hier Geborenen das Hochdeutsch noch lernen mussten. Wer das Platt nicht von seinen Eltern mitbekam, der lernte es eben auf der Straße.

Man braucht sich somit nicht zu wundern, wenn in einem Aufsatz zu lesen war: „Mein Großvater war früher Schneidermeister. Bevor er etwas fertig nähen tat, hat er es vorher gereiht." Man sagte und schrieb auch mit vermeintlicher Sicherheit, der Karl habe „geschreit" statt geschrieen: Und so hieß es denn auch vom selben Schreiber in einem anderen Aufsatz: „Als mein Freund Karl seine Klöpp bekam, hat er arsch geschreit."

In Erpel gegenüber von Remagen ist noch ein Teil der Stadtmauer erhalten. Auf dieser Ansichtskarte aus dem Jahre 1907 sieht man das Stadttor an der Kölner Straße.

39. Humorvoller Mann gesucht

Der rheinische Humor ist weitbekannt, der rheinische Karneval mit dem Mittelpunkt Köln ist fast berühmt. Der hier übliche gediegene oder besser gesagt unkomplizierte Humor lebt auch in den erzählten Witzen von Generation zu Generation weiter. Die beiden Witzfiguren Tünnes und Schäl waren schon den Vorfahren so bekannt, als hätte es sie schon immer gegeben. Wenn beispielsweise der Schäl auf der Deutzer Brücke steht und gerade eine Nähmaschine in den Rhein werfen will und Tünnes ihn zwecks Schadenbegrenzung im letzten Moment zurückhält. Doch Schäl fühlt sich nicht als Schädiger, denn, so sagt er, *datt es doch ehn versenkbare*. Die beiden sind sogar in der Lage, aus einer Sinnlosigkeit einen logischen Unsinn zu machen: Der Tünnes klopft beim Schäl an der Tür, doch der ruft *ich benn net doh*. Darauf der Tünnes: *dann es et jot, datt ich janet jekumme ben.*

So braucht man nicht zu staunen, dass rheinische Mädchen auch einen humorvollen Mann haben möchten. Seit einigen Jahren gibt es einmal in der Woche für alle Haushalte so eine Umsonst-Zeitung. Meist auf der letzten Seite suchen fast immer drei bis vier Mädchen – sogar mit ihrem Foto – einen Mann, der „Fröhlichkeit und Wärme" besitzt oder „gern lacht und fröhlich" ist. Manchmal wird aber auch geradezu gefordert, wenn man da liest, der Gesuchte müsse „Humor und Lebensfreude ins Haus" bringen. Oder es heißt ganz einfach und selbstverständlich: „Ich suche einen humorvollen Mann".

Aber oft heißt es schon nach dem ersten Kennenlernen: *Der wiéd bei mir noch kehn drei Dahch alt* oder ganz einfach *met esu ehnem Käel well ich nix zedonn hann.*

Fast alles lässt ein Mädchen anfangs vor lauter Liebe durch-
gehen. Das ist auch umgekehrt so. Aber nicht wenn er stolz
und hochtrabend daher kommt und *nix dóhinge* ist. Dann
heißt es ganz einfach *der hätt ene Futz em Kopp*. Wer bei einem
Mädchen *affjeblitz* ist, der *hätt sich e Höenche jeloofe*.

Auf dieser Lithographie aus dem Jahre 1898 sieht man Sinzig mit der Pfarrkirche
St. Peter, die Villa Helenenberg und das Schloss.

40. Gesteigerte Eigenschaftswörter

Für das Wort „sehr" gibt es im Rheinland gleich drei verschiedene Wörter. Außer dem ähnlichen *sir* sind viel lieber *ärresch* und *knattsch* gebräuchlich. Man ist hier eher *knattschverdötsch* als sehr blöde. Statt als sehr kopflos wird jemand lieber als *ärresch duselich* bezeichnet.

Man neigt durch diese Wörter eben zu Übertreibungen. So ist es auch bei den Eigenschaftswörtern. Sie werden gesteigert, obwohl man sie eigentlich kaum übertreiben kann. Bei rein, nass und nackt hört das sich so an: *röperehn, dressnaaß, puddelnackich.* Ähnlich heißt es für jeck, doof, tot, voll, gelb, platt, faul, satt, still, egal, klein, dunkel und frech hier *knattschjeck, strühdoof, muusdut, peckevóll, knattschjällef, kradeplatt, patschful, búchsatt, müsjestell, scheißejal, klitzeklahn, stechedüste* und *rotzfrech.*

Solche Steigerungen und Bekräftigungen gibt es auch für die Wörter lang, jeck, schwarz und schwer. Dazu heißt dann stark übertrieben *elendlang, knattschjäck, kolleschwatz* und *sauschwer.*

Mit diesen Übertreibungen kann sich der Rheinländer so richtig mit seiner Sprache austoben. Am liebsten benutzt er sie, um seine Mitmenschen besser und möglichst derber einordnen zu können, am liebsten unangenehme. Außer den genannten Steigerungen gibt es aber auch noch andere treffende Bezeichnungen. Für jemanden, der immer unzeitig oder besser gesagt unbequem ist, heißt es, er sei *onziggisch.* Wer dazu auch noch *rotzfrech* ist und man ihn nicht leiden kann, sagt man: *wenn ich der em Aasch hätt, dät ich en en de Rhing driiße.*

41. Französisches im rheinischen Dialekt

Öfters ist im Rheinland gerätselt worden, warum man hier statt Deckbett, Landstraße, Zimmerdecke und Bürgersteig viel lieber Plümmo, Schossee, Plafong und Trottewaar sagt. Einige dieser Wörter waren schon vor der so genannten Franzosenzeit im Rheinland üblich. Auch viele andere dieser ehemals französischen Wörter sind hier schon sehr lange heimisch, wie *Dätz* für Kopf und *Panz* für Kind. Auch der *Spekelöres* ist natürlich französischen Ursprungs.

Während der fast zwanzigjährigen französischen Herrschaft im Rheinland (1794-1814) unter Napoleon sind noch manche dieser Wörter dazu gekommen. Während diesen fast zwanzig Jahren hatte man sich schon so an französische Wörter gewöhnt, dass viele weitere haften blieben und manche von ihnen heute noch in Gebrauch sind. Es ist noch nicht lange her, dass die Enkel abends bei der Oma *allemaschtisch en et Bett* mussten. Und wenn es nicht schnell genug ging mit dem Kommando *alleh*, und das ohne *Explizier*.

Wenn zur Kirmes Besuch kam, sollten sich die Gastgeber *kehn Lambradsch* machen. Und wenn nicht genug Betten vorhanden waren, wurde auf der Erde eine *Palljass* gemacht. Zugedeckt wird der Schläfer auch heute noch statt mit einem Federbett mit dem schon genannten *Plümmo*. Gelegentlich hört man noch *Quässione* für Meinungsverschiedenheiten, *Maläste* für Beschwerden und *kujonieren* statt aufdrängen. Wenn von einem *Fisternöll* die Rede ist, weiß man, dass da eine heimliche Liebschaft im Gange ist. Und wenn die Hausfrau morgens auf dem Markt *Schavur* kauft, kann man mittags Wirsing essen.

Statt verblüfft ist man *konsterniert* und man wird *edistimiert*, beim Essen gut zuzulangen, ohne sich zu schenieren. Im Keller steht das Eingemachte auf der *Talatsch*, die eigentlich Stellage heißen müsste. *Kamesol* ist eine Strickjacke und *Faselöngche* ist ein verrücktes oder bizarres Kleidungs-stück. Dass ein *Schmisättchen* ein Vorhemd und ein Paraplü ein Regenschirm ist, dürfte noch allgemein bekannt sein. Auch heute noch geht man gern wie oben genannt über das *Trottewaar* statt über den Gehweg. Mittlerweile haben sich die Bezeichnungen *Püree* für Kartoffelbrei, *Bulljong* (von boullion), *Schäselong* (von chaiselongue) und *Fassong* vom Rheinland her sogar in ganz Deutschland durchgesetzt.

Wer eine Reise macht, wird mit einem *vell Pläsier* ver-abschiedet. Auf dem Bahnhof kauft man sich ein *Biljätt*, geht auf *das Pärrong*, wartet auf den Zug und steigt in den *Wajong* mit der richtigen Klasse. Vieles macht man auch heute noch *pö-a-pö* gemäß dem französischen peu à peu, und das manchmal ohne große Überlegung *uss de Lamäng*.

Das französische Wort für Tischdecke „tapet" musste her-halten, wenn erzürnte Menschen irgendwo ihre Meinung sagten wollten. Dieser Ausdruck ist weitgehend unter-gegangen, weil man nicht richtig wusste, was es bedeutete und wie es gesprochen wurde. Denn außer „aufs Tablett bringen" hieß es meistens *datt werd ich emol op de Tapet bränge*, womit dann fälschlich Tapete statt Tischdecke gemeint war. Durch den Kölner Karneval ist heute weithin bekannt, dass *Pavei* für Steinpflaster gesagt wird und das dement-sprechend die Paveier die Pflasterer sind. Ähnlich hört man hier das Wort *Klör* für Farbe. Und in Köln und Umgebung findet man so leicht keinen raffinierten Kerl, dagegen aber mit Sicherheit *ene Fillu*.

42. Kein Genitiv bei Personennamen

Der Genitiv und seine Mitläufer dringen sogar aus lateinischen Texten in die deutsche Sprache ein und bringen vor allem die deutschen Vornamen durcheinander. Da bei der Familienforschung die früheren Kirchenbücher mit den Taufen, Heiraten und Sterbefällen benutzt werden, gibt es hier auch das meiste Wortgewirr, insbesondere bei Vornamen und ihren Abkürzungen.

Man erlebt immer wieder, dass die Vornamen in lateinisch verfassten Urkunden falsch ins Deutsche übersetzt werden. Lateinische Namen haben aber in deutsch verfassten Texten nichts zu suchen. So findet man einen Jois Schmitz in einer Ahnentafel eingetragen, weil dessen Kind getauft wurde. Richtig war aber im Lateinischen gemeint, dass ein Kind „des Johannes" getauft wurde. Denn in Latein ist Jo'is die Abkürzung für Joannis als Genitiv von Joannes (= des Johannes). Aus Bequemlichkeit oder Gedankenlosigkeit ist allerdings das Abkürzungszeichen normalerweise unterblieben. So ist natürlich auch ein Joes = Jo'es = Joannes ins Deutsche übersetzt ein „Johannes".

Den nicht richtig erkannten Joes (= Jo'es = Joannes = Johannes) findet man laufend in familienkundlichen Berichten, Suchanzeigen und Beiträgen dieser Art. Für Joes schreibe man also immer Johannes.

Doch damit nicht genug, auch beim lateinischen Dativ können schnell falsche Vornamen entstehen. Da findet man in einer Pfarrei plötzlich einen Paulo, während sonst hier nur der Name Paul vorkommt. Was war geschehen? Der in der Urkunde genannte Dativ von Paulus war in Latein richtig Paulo geschrieben worden, weil hier „dem Paul" ein Kind getauft wurde. Im deutschen Text muss natürlich auch hier richtig Paul geschrieben werden.

Andernach a. Rh. Blick auf Dom und Turm.

Andernach mit der viertürmigen Pfarrkirche Mariä Himmelfahrt aus dem 13. Jahrhundert. Links der Wehrturm aus dem Mittelalter, der auch „Runder Turm" genannt wird.

Coblenz
Schiffbrücke und Rheinfront

Die Rheinansicht von Koblenz um 1928, die rechts bis zur Moselmündung reicht. Vorne die Schiffsbrücke, von der jedes Mal ein Stück eingefahren werden musste, wenn ein Schiff an Koblenz vorbei fuhr.

43. Kommas und andere Satzzeichen

In Eschmar unweit von Troisdorf und Siegburg lebte im 18. Jahrhundert der Leinenweber und Spielmann Bernhard Rembold, den man Spell-Bäen oder hochdeutsch Spiel-Bähn nannte. Er betätigte sich außer als Fiedler vor allem als Seher und Weissager. Da mehrmals seine Voraussagen eintraten, glaubte man ihm bald alles.

Sehr bekannt geworden war seine Ankündigung, die Benediktinerabtei Siegburg würde bald abbrennen. Als dann am 1. Januar 1772 die Abtei wirklich durch Brand zerstört wurde, nahm man den arglosen Bäen fest. Jedoch man konnte ihm nichts nachweisen, so dass die Regierung in Düsseldorf schon bald seine Entlassung aus dem Gefängnis verfügte. Durch dieses Verfahren war sein Ansehen in der Bevölkerung noch mehr gestiegen.

Da der Spell-Bäen selbst nicht lesen und schreiben konnte, wurden seine Prophezeiungen vorerst nur in den Familien erzählt und so festgehalten. Bis dann 63 Jahre nach seinem 1783 erfolgten Tod der Lehrer, Dichter und Komponist Wilhelm Schrattenholz aus Birlinghoven (heute zu Sankt Augustin) die Lebensgeschichte und Prophezeiungen – angeblich „nach einem alten Manuscripte" – veröffentlichte. Nur zwei Jahre später (1848) erfolgte schon die vierte Auflage.

Teile des Textes hat man dann im Dritten Reich in einem Sprachbuch für die oberen Klassen der Volksschulen im Regierungsbezirk Köln benutzt, um von den Schülern die fehlende Zeichensetzung ergänzen zu lassen. Der Text im Schulbuch beginnt damit, dass die Hoffart und Welteitelkeit ihresgleichen nicht kenne. Und hier sollten die fehlenden Satzzeichen ergänzt werden: „Man kann einen Bauern nicht mehr von einem Grafen unterscheiden und die Magd kleidet sich wie die Hausfrau. Wenn die Schiffe und Wagen ohne Pferde laufen werden die traurigen Ereignisse eintreten. Alle Leute werden glauben im goldenen Zeitalter zu leben. Der Menschenwitz wird Wunder schaffen weshalb man Gott immer mehr vergisst. Man wird Gottes spotten von wegen der Wagen so durch alle Welt laufen ohne von lebendigen Geschöpfen gezogen zu werden. Die Stadt Köln wird eine Schlacht sehen dergleichen keine gewesen ist in alter und neuer Zeit. Viel fremdes Volk wird hingemordet und Männer und Weiber kämpfen für ihre Art (im Urtext für ihren Glauben). Man wird die Stadt mit glühenden Kugeln beschießen und die Kugeln werden auch über den Dom fliegen dort aber nicht zünden."

Nachdem Köln in der Nacht zum 31. Mai 1942 einen britischen Großangriff erleiden musste, wurde dieser Satz hinter vorgehaltener Hand laufend weiter erzählt. Weil man ihn nachlesen konnte, passte das natürlich nicht zur damaligen Volkserziehung und zu den Parolen vom Durchhalten bis zum Endsieg. So kam es dann, dass die Partei im Mai 1943 die Schulleiter anwies, die entsprechende Seite 29 mit dem „Spielbernd" aus Kamps Heimatsprachbuch in allen Büchern der Schüler herauszutrennen.

Hier kann man sehen, wie gerade ein Rheindampfer die Koblenzer Schiffsbrücke passiert. Auf der gegenüberliegenden rechten Rheinseite sieht man Ehrenbreitstein mit der Festung.

44. Gesteigerte Tätigkeitswörter

Ähnlich den übermäßigen Steigerungen von Eigenschaftswörtern können im Rheinland auch Tätigkeitswörter übertrieben werden. Meist handelt es sich dabei um gern verstärkte lustige Begebenheiten, die man gern und im extremen Gegensatz dazu bis zu amüsanten Todesdrohungen. Wenn jemand aus einer Karnevalssitzung kommt und dann einige Passagen aus den Büttenreden erzählen soll, hört man hinterher sein *mir hann ons schibbeleich jelaach*. In ähnlichen Fällen heißt es noch mehr übertrieben sogar *mir hann ons dut jelaach*.

Die rheinische Mundart ist so reichhaltig, dass man viele Wörter gar nicht so treffend ins Hochdeutsche übertragen kann. Beim versuchten „Übersetzen" merkt man erst, wie reich die rheinische Sprache wirklich ist.

An der Spitze stehen die Übertreibungen. Sogar das bekannte Götz-Zitat wird hier noch durch „kreuzweise" verstärkt. Junge Burschen geben sich besonders stark und gebrauchen solche Verstärkungen oft in derber Form. So hört man oft die Warnung, eine bestimmte Tätigkeit nicht mehr vorzunehmen; sie lautet: *Wenn du datt noch emol määs, dann häste et letztemol wärm jedresse.*

Das Schloss Arenfels hoch oben über Bad Hönningen gelegen, wie es in der Sammlung Duncker zu sehen ist. Die aus dem 13. Jahrhundert stammende Burg ist im 16. Jahrhundert zu einem Schloss umgebaut worden.

45. Widersprüche und Verdopplungen

Der Rheinländer nimmt es nicht immer so genau. So entstehen in seiner Erzählung widersprüchliche Sätze. *Mach emal langsam wat schneller* ist sehr geläufig oder *komm, jeh weg*. Man weiß natürlich, was bei solch einer Aufforderung zu tun ist. Es geht ums Weitermachen ohne Härte ins Spiel zu bringen.

Ähnlich widersprüchlich sind *der flüssije Klostein* und auf der Kirmes *datt Mini-Riesenrad*. Oder der Ausspruch *datt mach ich immer nie*.

Hier geht man auch am Geschäft vorbei und kauft dort trotzdem. So heißt es in solchen Fällen *ich ben höck am Blomelade vorbei jejange on hann dir e paar Blömche metjebraat*.

Dann gibt es zusammengesetzte Wörter, die zweimal das selbe aussagen, wie beispielsweise bei der Takenplatte. Hierbei handelt es sich ursprünglich um Platten aus Gusseisen, die neben dem Herdfeuer in einen Wanddurchbruch eingebaut waren, um durch die in der Platte aufgefangene Hitze die neben der Küche liegende Stube mitheizen zu können. Taken wie das französische taque heißt nun einmal Platte und so wird das Wort Takenplatte zur doppelt gemoppelten Plattenplatte.

Und wenn in der Eifel ein Mädchen aus einem Dorf heiratet, werden alle Frauen aus der Nachbarschaft zum Kaffee der *Möhnewiewer* eingeladen. Es ist bekannt, dass *Möhne* Frauen und *Wiewer* Weiber sind. Also wird auch hierbei doppelt gemoppelt.

Östlich von Bonn gibt es eine Gegend, wo ein Eisenbahner *Isebahnsbähner* genannt wird. Ein Mann, der in der Fremde einen Unfall hatte, schrieb aus dem Krankenhaus: „Ich habe unten und oben ein neues Gebiss bekommen."

46. Das Plusquatschperfekt

Beim Perfekt und Plusquamperfekt haben wir es mit zwei verschiedenen Zeiten zu tun. Beim Perfekt ist es ein vergangener und abgeschlossener Zustand. Beim Plusquamperfekt (Vorvergangenheit) handelt es sich um ein Ereignis, das noch vor einem ebenfalls vergangenen Geschehen liegt. So heißt es beispielsweise: „Der heimgekehrte Urlauber zeigte seinen Gästen Bilder, die er aus dem Urlaub mitgebracht hatte." Zeigen und das Mitbringen liegen zeitlich auf verschiedenen Ebenen, denn das Mitbringen liegt zeitlich früher als das Zeigen.

Der Unterschied zwischen dem normalen Plusquamperfekt und dem rheinischen Plusquatschperfekt ist leicht zu erklären. Das Plusquamperfekt ist humorlos, wenn es etwa heißt „der Mann sagte, vorige Woche hatte ich Durchfall". Dagegen hört sich das rheinische Plusquatschperfekt viel heiterer an, wenn es heißt der Mann sagte, *vorije Wóch hatt ich de Ritsch-ritsch*. In abgelegenen Gegenden hier sagte der selbe Mann sogar *vörisch Wóch hatt ich de Spratteldress*. Das ist bestes rheinisches Plusquatschperfekt.

So sah im Jahre 1910 das Rheinufer in Boppard aus. Hinter den Häusern der Rheinallee sieht man die beiden Türme der ehemaligen Stiftskirche aus dem 13. Jahrhundert, die 1804 die Pfarrkirche St. Severus wurde.

47. Der rheinische Dialekt

Der rheinische Dialekt ist für einen echten Rheinländer die schönste Sprache der Welt, weil er damit etwas ausdrücken kann, was in Schriftdeutsch gar nicht möglich ist.

Die Knaben, die schon früh gern mit Mädchen zu tun haben, werden bald wie von selbst Mädchesjeck gerufen. Und wenn der Junge auch sonst wie sich kurios benimmt, heißt er schnell *Mädchesfibbes*. Überhaupt ist ein Fibbes ein seltsamer Mensch.

Es gibt bekanntlich viele Regenarten, wie Guss, Schauer, Landregen, Platzregen, strichweise Regen. Da hat es der Rheinländer leichter, *et fiselt, et ränt* oder *et schött wi us Ämmere*. Als Mist noch ein begehrter Dünger war, kippte ein Teil der Ladung um und begrub den Bauer darunter. Statt des fälligen Fluches hörte man ihn nur rufen: *Me kann des Jodes och ze vell krijje.*

Nach einer Umfrage aus den letzten Jahren waren die bekanntesten Dialektwörter, soweit sie fast im gesamten Rheinland bekannt waren, folgende: Äepel für Kartoffeln, Dörpel für Türschwelle, Fisternöll für Liebschaft, Mösch für Spatz, Schavur für Wirsing, Schörreskar für Schubkarre, Seckomes für Ameise. In der Schriftsprache heißt es, wenn man sich einem Komplott gegenüber sieht, „da kommt man nicht gegen an". Der Rheinländer sagt in solch einem Fall ganz einfach, *di driißen all durch ehn Fott.*

48. Piifisch und sickisch sein

Wenn jemand „am piifen" ist, dann ist er nicht nur beleidigt, sondern auch noch wütend, und im schlimmsten Fall platzt ihm sogar der Kragen. Ein Mensch ist „am piifen", weil man ihn in seinen Augen ungerecht beleidigt hat. Daraus ist im mittleren Rheinland sogar ein Adjektiv entstanden: der Beleidigte ist eben *piifisch*. Das Wort *piifen* kommt natürlich von pfeifen, so dass man seine Herkunft damit erklären kann, dass jemand vor Wut schnaubt, und das dann so laut, dass man beim Schnauben sogar ein Pfeifen vernehmen kann.

Ganz ähnlich verhält es sich mit dem Adjektiv „*sickisch*". Denn ein ungerecht Beleidigter kann auch „am sicken" sein. Daraus ist dann auch das Adjektiv *sickisch* entstanden. Im Gegensatz zu *piifisch* ist *sickisch* sein ein anderes Beleidigtsein. Wer *sickisch* ist, ist zwar auch beleidigt, aber er ist sogar gekränkt und fühlt sich erniedrigt. Vielleicht kommt das Wort daher, weil der Beleidigte sich vor Empörung sogar in die Hose machen könnte.

Diese Lithographie von Bad Salzig aus dem Jahre 1899 zeigt oben die Rheinansicht und daneben die Burgen Liebenstein und Sternberg. Besonders bezeichnend ist die Lage der Salzquelle, die 1889 erschlossen wurde.

49. Umbringen kann erlaubt sein

Es ist allgemein bekannt, dass man möglichst kein Geld schenken soll. Lieber etwas, woran der Beschenkte noch lange denken soll. Die Kunst oder besser gesagt das Glück dabei ist aber, ein passendes Geschenk zu finden. Vor lauter Unsicherheit hört man oftmals bei einer Geschenkübergabe die Worte: *Wenn et dir net jefällt, kannste et joh ömbränge.* Hier haben wir es wiederum mit einem typisch rheinischen Tätigkeitswort zu tun, wofür es im Schriftdeutsch nur die Wörter „umtauschen" oder „zurückbringen" gibt.

Man kann aber auch etwas für sich selbst Gekauftes wieder umbringen, wenn es einem nicht passt oder zuhause doch nicht gefällt. Es gibt sogar großzügige Geschäfte, wo man das gezahlte Geld zurück erhält und man es nach Hause „umbringen" kann. Das Wort umbringen geht natürlich hierbei nicht. Aber in der Mundart geht das sogar, wenn es etwa heißt: *Ich hann datt Jäld widde ömjebraat.*

Ähnlich wie umbringen kann man aber auch „umgehen oder umfahren" anstatt zurück gehen oder zurück fahren. So heißt es in einem Schulaufsatz: „Als es anfing zu regnen sind wir wieder umgegangen." Oder an anderer Stelle: „Weil die Vorstellung wegen Krankheit des Hauptdarstellers ausgefallen war, sind wir wieder umgefahren."

50. Rheinische Maße

Richtig wenig ist im Rheinland, *wänn ehn Möck en de Rhing piss.* Mit all den hiesigen Maßen ist man der hochdeutschen Ausdrucksweise weitaus überlegen. Ein *Fiselche* oder *Fitzje* ist so wenig, dass man es sich kaum vorstellen kann. Wenn man einen erwarteten Anteil nicht bekommen hat, heißt es *er hätt me noch net emól e Fiselche jejóvve.* Ähnlich wenig ist das *Püütsche.* Das ist so wenig, wie man zwischen Daumen und Zeigefinger bekommt.

Wämme et kaum packe kann, dann handelt es sich allerdings nicht um eine Menge, sondern das heißt, dass man etwas nicht begreifen kann.

Bei einem schmalen Grundstück heißt es, es sei ein schmales Handtuch, oder etwas derb: *datt es joh nur ene Aaschbreet.* Es gibt auch gebundene Mengen, wie *e Bond Breetloof.* Hierbei handelt es sich um ein Gebund Lauch. Oder noch kleiner *e Böndche Radisje.* Zu den gebundenen Mengen zählt auch *datt Püngelche.* Es ist dem Böndche ähnlich, liegt aber in der Größe zwischen *Böndche* und *Bond.* Es war früher üblich, dass Handwerker, die mit Holz zu tun hatten, nach Feierabend *e Püngelche Holz* mit nach Haus nahmen, um damit leichter den Herd anmachen zu können. Manche Menschen sind so leicht und flink wie *e Püngelche Flüh.* Im übertragenen Sinne hat man bei zu viel Sorgen *sing Püngelche ze drare.*

Eine größere Menge wird oft mit einem Stall voll Vieh verglichen. Wer sehr viele Kinder hat, *der hätt ehne janze Stall voll Pänz.* Viel drückt auch das Wort *zebasch* aus. Wer sehr reich ist, *der hätt Jäld zebasch.*

Es gibt auch hörbare Maße, wie etwa bei einem Vielschwätzer, der hier *Schwadlappe* oder *Schlabberschnüss* genannt wird. *Der hätt ehn Mul wi ehn Braatsch.* Klatschsüchtige Frauen können angeblich drei Sprachen: *se schwätze Hochdeutsch, Platt on övver andere Löck.*

51. Schmileme und andere „arme Hauptwörter"

Es gibt Dialektwörter, die kaum noch gebraucht werden, sie sind so gut wie ausgestorben. Das ist besonders bei Wörtern der Fall, die ungewollt mit der Armut unserer rheinischen Vorfahren zu tun hatten. Denn wer weiß noch, was *Kaastere* oder *ehn Mang* sind? Bei der Getreideernte wurden mehrere Garben zu einem *Kaaster* zusammengestellt, um von hier zum Dreschen weggefahren zu werden. Die *Mang* war ein geflochtener runder Korb.

In der Eifel gab es das Wort *Schmileme* für besonders schmale, stabile und extra lange Grashalme. Um keine teure Kordel kaufen zu müssen, brauchte man sie zum Zubinden. Meistens wurden sie dazu benutzt, bei der Getreideernte die Garben zuzubinden. Dazu brauchte man ein ganzes Bündel dieser *Schmileme*. Als vor gut siebzig Jahren die ersten Bauern damit begannen sich immerhin einen Mähbinder anzuschaffen, erhielten sie in manchen Fällen eine günstige Finanzierung. Doch dann kam die Ernüchterung, denn mit dem altüberlieferten Zubindematerial war nun nichts mehr zu machen, jetzt musste Kordel gekauft werden. Alljährlich beim Beginn der Erntezeit konnte man immer wieder ein Fluchen hören, wie billig doch „die gute alte Zeit" gewesen sei.

Da die *Schmileme* sehr dünn waren, nannte man auch hagere Menschen danach. Sie waren in der Meinung ihrer Mitmenschen ganz einfach *Schmilemedresse*.

52. „Verschengelierte" Ortsnamen

In früheren Jahrhunderten war es üblich, dass fast alle Ortschaften einen dialektähnlichen Namen hatten. Teilweise war das auch bei Familiennamen so. Man meinte, die Namen seien ganz einfach *verschengeliert* worden, um die Umgebung zu ärgern. Aber in Wirklichkeit sind sie normalerweise ohne Hintergedanken aus dem Volksmund entstanden.

Es ist auch heute noch üblich, dass Ortsnamen nicht nur in den Dörfern der Umgebung, sondern auch im Ort selbst verballhornt genannt werden. Allein im oberen Ahrgebiet und in der mittleren Eifel sind folgende Entstellungen bekannt: Ädde für Adenau, Ahrhött für Ahrhütte, Ärberich für Aremberg, Blangem für Blankenheim, Frilinge für Freilingen, Jelschemisch für Gilgenbach, Hellessem für Hillesheim, Äsel für Insul, Lamisch für Lammersdorf, Löggeschdorf für Leudersdorf, Lummeschdorf für Lommersdorf, Üllewe für Uedelhoven, Öxem für Üxheim, Werschem für Wershofen. Solche Entstellungen sind auch in vielen anderen Gegenden üblich. Sehr bekannt ist, dass man für Koblenz *Kovvelenz* und für Bergisch Gladbach *Jläbbich* sagt.

Blick auf Königswinter mit dem Siebengebirge und das Hotel auf dem Petersberg. Ferdinand Mülhens kaufte im Jahre 1911 einen Teil des Berges und ließ von 1912 bis 1914 ein neues großes Hotel bauen. Hier das erste Hotel, das im Jahre 1891 fertiggestellt wurde.

53. Ein Amt für rheinische Landeskunde

Im Jahre 1953 hat der Landtag von Nordrhein-Westfalen außer dem für Westfalen-Lippe den Landschaftsverband Rheinland begründet. Er hat damit an die gute alte Tradition der bewährten preußischen Provinzialverbände und Provinziallandtage angeknüpft. Neben vielen anderen Aufgaben kümmert sich der Verband um die rheinische Landeskunde durch Befragung, Forschung, Archivierung und Veröffentlichungen.

In Bonn gibt es an der Endenicher Straße 133 das Amt für rheinische Landeskunde, das sich mit der Dokumentation und Erforschung der Alltagskultur, der Landes- und Stadtgeschichte und dem Rheinischen Städteatlas beschäftigt und regelmäßige Schriften herausgibt. Das Amt befasst sich ganz besonders mit den rheinischen Dialekten. Hierzu werden auch Dokumentationen für Mundart und entsprechende Wörterbücher gefördert und herausgegeben. Von Zeit zu Zeit werden Fragebogen zu bestimmten Themen an Heimatforscher und Lehrer verschickt, die ihre mit offenen Augen und Ohren gewonnenen Erkenntnisse weitergeben. Man will beispielsweise wissen, wie bestimmte Wörter an verschiedenen Orten oder wie Ortsnamen in der näheren Umgebung ausgesprochen werden.

Hier wurde zeitweise auch das neue Wort „Regiolekt" für die rheinische Umgangssprache gepflegt, den ein Journalist der „Rheinischen Post" ersonnen hatte. Das ist Schriftdeutsch mit rheinischem Unterton und kleinen Abarten, so wie wir es etwa von Konrad Adenauer und Heinrich Böll kennen, aber auch wie es von Reiner Calmund gesprochen wird. Hierzu ist auch das Online-Wörterbuch der rheinischen Alltagssprache entstanden, das im Internet zu finden ist. Es ist eine etwas mehr „hochdeutschere" Sprache als das bekannte

„Hochdeutsch mit Knubbeln". Mit dieser Sprache entfaltet der Rheinländer sein „bestes Deutsch". Das hört sich statt *ich hätt nix dojäje, datt der Fritz datt Billa hiérode deet* so an: „Ich hätte nix dajejen, datt der Fritz datt Billa heiratet."

So malte Heinrich Hoffmann im Jahre 1908 den „Alten Zoll" in Bonn mit der ersten Rheinbrücke von 1898 im Hintergrund.

54. Rheinische Familiennamen

Es ist ziemlich bekannt, dass unsere Familiennamen auf viererlei Arten entstanden sind. Der Stammvater einer Familie hat in den allermeisten Fällen seinen Namen nach seinem Vornamen, seinem ehemaligen Wohnort oder nach seinem Beruf erhalten. Die vierte Möglichkeit ist die Benennung nach einem Spitznamen.

Es gibt viele typisch rheinische Familiennamen, die als Herkunftsname des Stammvaters übernommen wurden. Von den Namen der meisten rheinischen Städte und Dörfer sind irgendwann Familiennamen entstanden. Man denke nur an Bornheim, Euskirchen, Düren, Neuss und so weiter. Die Deutung ist nicht immer einfach. Man muss dazu die jeweilige Familie erforschen und die frühesten Schreibweisen ermitteln. Dass ein Böhm aus dem Böhmischen und ein Hess aus dem Hessischen kam, ist noch leicht zu klären. Aber dass der Name Greuel jemand erhielt, der aus Krefeld oder Umgebung kam, konnte man nur ergründen, weil der Stammvater Crevel genannt wurde.

Bei Familiennamen, die aus Spitznamen entstanden sind, ist die ursprüngliche Bedeutung nicht immer leicht zu klären. So fragte einmal der Neffe Karl seinen Onkel, den Schreinermeister Johann, ob er wüsste, woher der Name Hochgeschurz seiner Frau herkomme. Er wusste es natürlich nicht. Und so klärte ihn sein Neffe, der sich gerne für die Erhaltung überlieferter Gewohnheiten einsetzt, auf: Früher hätten fast alle Handwerker – wie er als Schreinermeister ja heute noch – bei der Arbeit eine Schürze getragen. Nach getaner Arbeit nahmen sie das untere Ende ihrer Schürze hoch und banden es in der Taille fest. So konnte jeder sehen: der ist hochgeschürzt, der hat Feierabend. Wer den Feierabend lieber als Arbeit hatte, konnte so den festen Namen Hochgeschurz bekommen.

Um die Tradition wieder aufleben zu lassen, meinte Karl, der Onkel solle dies doch auch zum Feierabend wieder so handhaben und bei der Innungsversammlung auch den Kollegen nahe legen. Doch Johann antwortete nur kurz und bündig: „Dann möt ich joh beklopp senn, dann möt ich joh noh jedem Pinkele ming Botz zoh maache."

Ein Teil der rechteckigen Befestigungsanlage aus dem 14. Jahrhundert in Zons am Rhein. Außer dem hier gezeigten quadratischen Rheinturm hat die Anlage noch drei Rundtürme.

55. Ad widde

Die beiden Wörter *ad widde* haben im Rheinland schon viel Unheil angerichtet. Unter Freunden und auch unter Ehepaaren gibt es oftmals einen, der Punkte sammelt und dazu seinen Partner mit diesen beiden Wörtern in die untere Schublade drückt. Auch dann, wenn dem andern nur einmal ein bestimmtes Missgeschick passiert, heißt es im Rheinland *ad widde.* Noch schlimmer ist es, wenn sich beide Seiten an diesem unheilvollen „Sport" beteiligen. Denn dann ist ein fortwährender Streit die Folge, der bis zum Ende der Freundschaft und sogar zum Ende einer sonst gesunden Ehe führen kann.

Nun ist es ja leider so, dass zwei Wörter leichter zu handhaben sind, als vier Wörter. Das ist sehr schade, aber das liegt in der Natur des Menschen. Man muss eben zum Trick des Auswendiglernens greifen und folgende vier Wörter so gut lernen wie das kleine Einmaleins. Sie heißen ganz einfach *datt kann jedem passieren.*

Wenn sich alle daran halten würden, ging der Anteil der Scheidungen rapide zurück. Man möchte es eigentlich gar nicht glauben, aber es gibt leider Menschen, die das nicht hinbekommen, obwohl es nur vier Wörter sind. Also Nachsicht üben und auswendig lernen, und das mit nur vier Wörtern, die da heißen *datt kann jedem passieren.*

56. Leck mich en de Täsch

Der Rheinländer ist, wie schon angeführt, für seine natürliche Schlagfertigkeit bekannt. Vom Tünn wurde erzählt, dass er zu jemandem, den er nicht leiden konnte, sagte: *ich kann dich legge wie Zantping.* Über seinen Schwiegersohn hieß es bei ihm: *datt es ehne prima Käel, nur schad datte süff.* Als er vor seinem Haus im Gestank des Straßenverkehrs einen Bekannten getroffen hatte, kam sein Vorschlag; *lomme erenn jätt Luff schnappe jonn.* Seine Zufriedenheit drückte er so aus: *Sulang me noch käue on däue, sulang kamme sich noch freue.*

Der Rheinländer will auch nicht, dass andere *de Aap met em maache.* Und hat er solch einen *fiese Möpp* ausgemacht, heißt es wie schon gesagt es über ihn: *wänn ich däe em Aasch hätt, dät ichen en de Rhing driiße.*

Die Mundart ist eben derber als das Schriftdeutsch. Im Rheinland ist aber auch manch ein Ausspruch gnädiger als anderswo. Während das „Leck mich" des Götz von Berlichingen in vielen Gegenden noch zum Standartfluch zählt, hat er sich im Rheinland in mäßiger Form abgewandelt. Heute hört man so eher das *Leck mich em Jade* oder noch viel öfter das *Leck mich en de Täsch.*

Als zwei Freunde auf dem Pützchens Markt die dort ausgestellte dickste Frau der Welt bestaunten, sagte der eine lautstark zu dem anderen: *Läck mich en de Täsch, watt e Fettspecktakel; watt menste, wänn die Ahl basch, dann versuffe me all en däe ihrem Jedresse.* Ein sehr humorvoller und nun alt gewordener Zimmermann war eines Tages still in seinem Sessel eingeschlafen. Als der herbeigerufene Arzt nur noch seinen Tod feststellen konnte, rief seine Frau aus: *Leck mich en de Täsch, datt hätte joh noch nie jemaat.*

57. Rheinische Kinderspiele

Als die Straßen noch nicht den Autos gehörten, hatten die Kinder hier ihren Spielplatz. Und als die ersten Autos kamen, mussten sie sich durch lautes Hupen bemerkbar machen. Wem das Auto gehörte wusste man schon von weitem. Saß nur einer drin, war es der Doktor, waren es zwei, dann war es der Fabrikbesitzer mit seinem Chauffeur. Für die Bauern gab es als Transportmittel oft nur von Pferden oder Ochsen gezogene Karren. Die *Knollekah* hatte nur zwei Räder. Es gab aber auch zweirädrige Jauchekarren, wo datt *Addelsfaaß* oder *Hüüptönnsche* zwischen zwei großen Rädern hing. Obwohl als „Deckel" ein Jutesack mit einem Eisenreifen drum diente, schwappte immer etwas über. Mit einer Peitsche musste der Bauer jedes Mal knallen, damit die Kinder Platz machten.

Im Sommer kam der von einem Pferd gezogene Spritzenwagen, der die staubigen Straßen für kurze Zeit nass machte. Ähnlich der Peitsche hatten die Kinder einen Stock mit einer Kordel dran. Damit wurde *de Dilledopp jeschmeck*. Man konnte mit dem Ball auf der Straße spielen. Besonders beliebt war *fuhl Ei*. Dazu musste der Ball gegen eine Hauswand geworfen werden. Man kannte die Häuser genau, wo man das durfte. Wer fünf faule Eier hatte, das heißt nach Rufen seines Namens den Ball nicht geschnappt und keinen Mitspieler getroffen hatte, bekam einen Spitznamen.

Da Kinder normalerweise kein Geld hatten, konnten sie aber gut improvisieren. Aus einer leeren Garnrolle mit vier kleinen Nägeln um das durchgehende Loch konnte man sich ein Strickröllchen basteln. Mit einem langen und einem kurzen beidseitig angespitzten Stock wurde *Spinätchen* gespielt.

Wo *et Trottewah* noch nicht mit Platten belegt war, wurde *jekniggelt*. Mit dem Absatz drehte man ein *Kühla* in den

Boden. Jeder Mitspieler warf die selbe Anzahl Klicker zu dem Loch hin. Wer am meisten drin hatte oder am nächsten dran war, durfte beginnen. Wurde dabei das Loch verfehlt, kam der nächste dran.

Man konnte auch ohne *Kühla* mit den Klickern spielen. Nämlich „Ditsche on Spanne". Dabei wurde ein Klicker ziemlich weit geworfen und der nächste warf seinen nach. Das ging so lange, bis man den Klicker des Gegners *aanjeditsch* oder die beiden Klicker mit Daumen und kleinem Finger spannen konnte. Wer alle Klicker eines Spielkameraden gewonnen hatte, der hatte ihn *mutz jemaat*.

Besonders schöne Spiele für eine große Kinderschar waren „Räuber on Schanditz, Nohlöfje on Verstächespille". Es gab damals noch gutmütige Menschen, bei denen man durch die Gärten laufen durfte. Sträucher, Gruben Karren und Nischen boten abwechslungsreiche Versteckmöglichkeiten. Es gab allerdings nicht nur brave Kinder. Es wurden sogar Kirschen und *Kollerave jestibbitz* und Leute veräppelt. Am leichtesten konnte man den Laternemann ärgern. Kurz nachdem die Gaslaternen angegangen waren, kam der Laternenwärter mit blauem Fahrrad und langem Stock. Wollte man was erleben, brauchte man nur an einem Ring zu ziehen und die Laterne war aus. Wenig später konnte man dann zusehen, wie der Laternenmann umständlich die Laterne wieder anzünden musste.

Zum Veräppeln gehörte auch das *„Müsjeträcke"*. Man klingelte an irgendeiner Haustüre und lief *watt jiste watt häste* davon. Wenn man irgendwo eine Besorgung zu machen hatte, dann „fuhr" man. Allerdings nicht mit dem Rädchen oder der Straßenbahn, sondern mit einem ausgedienten Fahrradfelgen. Mit einem kurzen Knüppel ein paar richtige Schläge und der Reifen sauste mit großem Tempo los. So wurde früher *de Reefe jeschmeck*.

Spielsachen waren früher immer rar. Deshalb hatten die Kinder eine große Fähigkeit, sich selbst Spielzeug anzufertigen. Fast jedes Kind konnte sich eine Weidenflöte oder einen „Flitzebogen" selbst machen. Figuren und Steine für Brettspiele nannte man „Stingchen". Ehe es diese Stingchen aus Holz zu kaufen gab, dienten Bohnen in verschiedenen Farben für alle möglichen Spiele.

Viele Kinderspiele der damaligen Zeit hat Johannes Hellenius im Jahre 1616/18 in einem Kupferstich überliefert. Darunter Seilspringen, Steckenpferdreiten, Drachen-steigen, Stelzenlaufen, Klickern, Reifen- und Kreiselschlagen.

Eine Weiterentwicklung des Rollers war in den dreißiger Jahren der Tretroller, auch Wipproller genannt. Man konnte auf dem Roller stehen bleiben, ohne den Boden zu berühren. Mit beiden Füßen musste man lediglich ein Brett rauf und runter bewegen. Dadurch trieb eine an dem Tretbrett hinten angebrachte Zahnstange den Zahnkranz des hinteren Rades. Erfindungen der zwanziger und dreißiger Jahre waren auch der Holländer und der Ruderrenner.

Ein Spiel, das man im Winter gern im Hause spielen konnte, hieß „Blindekuh". Auch Erwachsene beteiligten sich gern daran. Einer bekam mit einem Schal die Augen verbunden und musste dann einen Mitspieler fangen. Der Gefangene war nun die neue Blindekuh und musste wiederum jemanden fangen. Dauerte ein Spiel zu lange, wurde mit den Zurufen je nach Nähe „heiß", „warm", „kalt", „eiskalt" etwas Suchhilfe gegeben. Die größte Sorge dabei war oft, dass die „Blindekuh" mit der heißen Herdplatte in Berührung kam.

In der Schmiede konnten die Kinder zusehen, wie der Blasebalg betätigt wurde und wie ein heißer Eisenreifen auf das hölzerne Rad gezogen wurde. Sie beobachteten den Schmied beim Beschlagen der Pferde und Ochsen und bekamen dabei den Geruch des verbrannten Horns in die Nase. Wie schön war erst der Besuch einer in Betrieb befindlichen Mühle, die in rheinischen Gegenden manchmal vier Jahrhunderte alt waren.

Nach nur wenigen Jahrzehnten ist von der früheren Romantik an und auf unseren Straßen nichts mehr zu spüren. Die alten Kinderspiele werden langsam vergessen, denn die Zeit eilt immer schneller.

Die Gaststätte mit Tanzsaal des Jakob Knipper in Wiesdorf auf einer Lithokarte aus dem Jahre 1902. Unten die damalige Fabrikanlage „Vereinigte Farbwerke vormals Bayer & Comp".

58. Mundartwörterbücher des Rheinlandes

Wie beliebt die rheinische Mundart geworden ist, beweisen die vielen meist sehr gut besuchten Vorträge und Führungen in Mundart. Zur Beliebtheit des rheinischen Platt haben auch die vielen Mundart-Lieder im Kölner Karneval beigetragen. Man staunt immer wieder, dass auch Kinder sowie heranwachsende Mädchen und Jungen jedes Jahr wieder mit neuen Liedern auftreten. In den letzten zwanzig Jahren, teilweise auch früher, sind sehr viele örtliche Wörterbücher erschienen. Erst durch die dadurch möglichen Vergleiche kann man die Vielfalt der rheinischen Mundart erkennen.

Es gibt in Deutschland kaum eine Sprachlandschaft, in der so viele und gute Mundartwörterbücher veröffentlicht wurden und immer noch werden. Deshalb soll hier einmal eine Auswahl dieser Bücher vorgestellt werden:

Ackermann, Herbert, Grefrather Mundart-Wörterbuch, 3 Bde., 2003.
Arbeitskreis Mundart, Laimisch (= Lammersdorf) von A bis Z, 2001.
Braun, Leo, Eschweiler Mundartwörterbuch, 2003.
Bücher, Johannes, Bonn-Beueler Sprachschatz, mit Grammatik, 1986.
Caspers, Peter, Reisdorf, Willi, Wörterbuch Hochdeutsch-Kölsch, 1994.
Closse, Hans Theo, 1000 Wörter Bardenberger Platt, 1993.
Creutz, Gottfried, Wörterbuch Hochdeutsch-Öcher Platt (Aachen), 1987.
Degen, Kurt, Rheinische Mundart in Burgbrohl, 1993.
Demuth, A., u. a., Büttgen und seine Mundart, 1993.
Eimermacher, Hans Heinz, Irdische und himmlische Geschichten - Verzällche on Anekdötche, Lohmar, 2007
Fellsches, Josef, Duisburger Wortschätzchen, 1995.
Frambach, Anton, u. Norbert Esser, Erftländer Sprachschatz II, 1993.

Halbach, Gustav Hermann, Bergischer Sprachschatz (Remscheid), 1951.

Hermanns, Will, Aachener Sprachschatz, 1970, Nachdruck 1992.

Horster, Theodor, Rheinberger Wörterbuch, 1996.

Horstmann, Siegfried u. Jürgen, Bergischer Sprachschatz, Bd. 2, 1983.

Horstmann, Wilhelm, Dor ben eck van dänn, Hünxe-Gartrop 1995.

Hotzefelds, Wellem (Jakob Müller), Plattitüden (Raum Düren), 1993.

Kessler, Klaus, Mundartwörterbuch Radevormwalder Platt, 2001.

Kesternich, Hermann Josef, Mundartwörterbuch Antweiler Senke II, 1995.

Knüfermann, Arnold, Grafschafter Mundartlexikon (Moers), 1993.

Koenn, Fritz, Eifeler Wörter und Ausdrücke (Raum Schleiden), 1995.

Kraeber, Hannelore, Neues Wörterbuch der Koblenzer Mundart, 1991.

Kreischer, Georg, Nachtrag zu Platte Wörterbuch, Duisburg 1993.

Leson, Willy, Kölsch von A bis Z, 11.Auflage, Köln 1996.

Leson, Willy, Kölsch von A bis Z, Bd.2: Hochdeutsch-Kölsch, Köln 1995.

Noever, Johannes, Mönchengladbacher Mundartwörterbuch, 2003.

Picard, Rudolf, Solinger Sprachschatz, 1974, 3. Auflage 1992.

Richarz, Werner M., Wörterbuch der Leidenborner Mundart, 1993.

Schmitz, Adalbert, Wie die Linzer Strünzer schwätze, 1994.

Schmitz, Franz, Das Neuwieder Mundart-Wörterbuch, 1993.

Schneider, Hans, Ebbes ... aus Heimbach-Weis-Gladbach, 1993.

Weber, Herbert, Wie heißt das auf Platt? Solingen, 4. Auflage 1992.

Weffer, Herbert, Bd.1, Von aach bes zwöllef, Bonner Wörterbuch, 1999.

Weffer, Herbert, Bd.2, Bonner Wörterbuch Hochdeutsch-Bönnsch, 2000.

Wissner, Katharina, Wortsammlung der Adenauer Mundart, 1993.

Wrede, Adam, Neuer Kölnischer Sprachschatz, Köln, 11. Aufl. 1993.

Buchveröffentlichungen des Autors

01 Herbert Weffer, Lengsdorf – Die Geschichte eines Bonner Vorortes. Bonn (Heimat- und Verschönerungsverein Bonn-Lengsdorf) 1974, 404 Seiten, 127 Abb. Vergriffen.

02 Herbert Weffer, Die Akten des Siegkreises. Ein Aktenfindbuch mit 4083 Titeln, Verwaltungs- und Archivgeschichte. Quellen zur Geschichte des Rhein-Sieg-Kreises 3, Bonn u. Siegburg (Archiv des Rhein-Sieg-Kreises) 1976, 312 S., 35 Abb.

03 Herbert Weffer, Auswanderer aus Stadt und Kreis Bonn von 1814 bis 1914. Veröffentlichungen des Stadtarchivs Bonn 19, Bonn (Bouvier) 1977, 443 S., 46 Abb., ISBN 3-7928-0408-5.

04 Herbert Weffer, Das Pfarrarchiv Villip. Ein Aktenfindbuch mit 714 Titeln, Pfarrgeschichte und Pfarrerlisten. Quellen zur Geschichte des Rhein-Sieg-Kreises 9, Bonn u. Siegburg (Archiv des Rhein-Sieg-Kreises) 1980, 230 S., 8 Abb.

05 Herbert Weffer, In Bonn wird bönnsch jebubbelt – Lustiges und Deftiges aus der Mundart der Hauptstadtbürger. Köln (Bachem) 1983, 96 S., 30 Abb., ISBN 3-7616-0696-6.

06 Herbert Weffer, So lebten sie im alten Bonn. Köln (Bachem) 1984, 127 S., 41 Abb., 2 Stadtpläne, ISBN 3-7616-0756-3.

07 Herbert Weffer, Endenich – Die Geschichte eines Bonner Vorortes. Bonn (Ortsausschuss Bonn-Endenich) 1987, 712 S., 335 Abb. Vergriffen.

08 Herbert Weffer, Als die Zeit anfing stehenzubleiben – Ein Stadtrundgang Bonn mit alten Ansichtskarten. Meckenheim (DCM) 1989 u. 1999, 300 S., 565 Bilder, 1 Stadtplan, ISBN 3-927535-05.

09 Herbert Weffer, Die Akten das Landkreises Bonn – Ein Aktenfindbuch mit 10833 Titeln, Verwaltungs- und Archivgeschichte. Quellen zur Geschichte des Rhein-Sieg-Kreises 13, Siegburg (Archiv des Rhein-Sieg-Kreises) 1992, 419 S., 35 Abb.

10 Herbert Weffer, Familienbuch Rohr – Die Bewohner des Eifeldorfes Rohr mit Lindweiler im 18. Jahrhundert. Bonn (Eigenverlag) 1994, 102 S., 6 Abb., 1 Karte.

11 Herbert Weffer, Bonner Ahnen Nr. 1-122. Sonderveröffentlichung mit 122 Ahnenreihen der Bezirksgruppe Bonn der Westdeutschen Gesellschaft für Familienkunde anlässlich ihres 75-jährigen Bestehens, Bonn 1994, 150 S.

12 Herbert Weffer, Familienbuch Uedelhoven – Die Bewohner des Eifeldorfes im 17., 18. und 19. Jahrhundert. Blankenheim

(Kirchengemeinde Uedelhoven-Ahrdorf) 1995, 164 S., 8 Abb., 2 Karten, 2 Stammtafeln mit Familienwappen. Vergriffen.

13 Herbert Weffer, Behütet, bebombt und Steine geklopft – Aus dem Leben eines Bonner Vorstadtjungen. Hrsg. vom Ortsausschuß Bonn-Endenich, Bonn u. Siegburg (Rheinlandia) 1997, 272 S., 120 Abb., ISBN 3-935005-26-1.

14. Herbert Weffer, Bönnsch Jebubbels – 1000 Redensarten Bönnsch-Platt. Bonn (Bouvier) 1998, 126 S., 37 Abb., ISBN 3-414-02831-7.

15 Herbert Weffer, Bönnsch Jebättböjelche. Mit Mundartmesse und vielen Gebeten in Bonner Mundart. Bonn (Katholisches Stadtdekanat Bonn) 2000, 64 S., 10 Abb.

16 Herbert Weffer, Von aach bes zwöllef – Ein bönnsches Wörterbuch. Rund 7500 bönnsche Wörter ins Hochdeutsche übersetzt, Hrsg. Bezirksgruppe Bonn der Westdeutschen Gesellschaft für Familienkunde, Bonn u. Siegburg (Rheinlandia) 2000, 192 S.

17 Herbert Weffer, Bönnsches Wörterbuch Band 2: Hochdeutsch-Bönnsch. Rund 10 000 Wörter in Bönnsch-Platt übersetzt. Hrsg. Bezirksgruppe Bonn der Westdeutschen Gesellschaft für Familienkunde, Bonn u. Siegburg (Rheinlandia) 2000, 256 S.

18 Herbert Weffer, Westlich von Bonn – Der linksrheinische Rhein-Sieg-Kreis in alten Ansichtskarten, Bonn (Bouvier) 2000, 175 S., 323 Bilder, ISBN 3-416-02946-1.

19 Herbert Weffer, Östlich von Bonn – Der rechtsrheinische Rhein-Sieg-Kreis in alten Ansichtskarten. Bonn (Bouvier) 2001, 204 S., 377 Bilder, ISBN 3-416-02971-2.

20 Herbert Weffer, Das Kloster Mariahilf der Benediktinerinnen und die Marterkapelle in Bonn-Endenich. Hrsg. vom Ortsausschuss Bonn-Endenich, Bonn u. Siegburg (Rheinlandia) 2001, 128 S., 50 Abb., ISBN 3-935005-21-0.

21 Herbert Weffer, Von Siegburg bis Windeck – Der rechtsrheinische Rhein-Sieg-Kreis in alten Ansichtskarten. Bonn (Bouvier) 2002, 204 S., 377 Bilder, ISBN 3-416-02996-8.

22 Herbert Weffer, Gruß vom Rhein – Der Rhein von Mainz bis Köln in alten Ansichtskarten. Meckenheim (DCM) 2002, 240 S., 433 Bilder, ISBN 3-927535-11-7.

23 Herbert Weffer, Gruß aus der Eifel – Die Eifel in 433 alten Ansichtskarten. Meckenheim (DCM) 2002, 240 S., 433 Bilder, ISBN 3-927535-13-3. Vergriffen.

24 Herbert Weffer, Üxheim – Die Bevölkerung von Üxheim um 1650 bis 1802. Eine Rekonstruktion der verloren gegangenen Kirchenbücher. Veröffentlichungen der Westdeutschen Gesellschaft für Familienkunde Band 217, Köln 2005, 209 S., ISBN 3-86579-026-7.

25 Herbert Weffer, Leck mich en de Täsch. Geschichten und Anekdoten aus dem alten Bonn. Gudensberg-Gleichen (Wartberg) 2005, 80 S., 25 Abb., ISBN 3-8313-1586-8.

26 Herbert Weffer, Ein Leck mich kommt selten allein. Geschichten und Anekdoten aus dem alten Bonn. Gudensberg-Gleichen (Wartberg) 2006. 80 S., 25 Abb., ISBN 3813-1639-2.

27 Herbert Weffer, Famillije-Jehängels. Alte Bonner Familien und ihre Namen. Gudensberg-Gleichen (Wartberg) 2006, 80 S., 25 Abb., ISBN 3-8313-1715-1.

28 Herbert Weffer, Hrsg., Bonner Ahnen Nr. 1 bis 260. Mit den von 1966 bis 2006 in der „Laterne" ersch. Ahnenreihen. Bezirksgruppe Bonn der Westd. Gesellschaft für Familienkunde, 2007, 283 S.

29 Herbert Weffer, Schibbelich jelaach. Unglaubliche Bonner Straßengeschichten. Gudensberg-Gleichen (Wartberg) 2007, 80 S., 37 Abb., ISBN 978-3-8313-1733-2.

30 Herbert Weffer, Adressbuch der Stadt Bonn 1814 bis 1822 und viel mehr. Mit den Vororten Dottendorf, Dransdorf, Endenich, Graurheindorf, Kessenich, Poppelsdorf. Bezirksgruppe Bonn der Westd. Gesellschaft für Familienkunde, 2007, 706 S., Stadtplan, ISBN 978-3-00-022062-3.

31 Herbert Weffer, Der Friedhof zu Endenich. Rheinische Friedhöfe 21. Westd. Gesellschaft für Familienkunde Bd. 244, 2008, 122 S., 45 Abb., ISBN 3-86579-053-4.

32 Herbert Weffer, Vom Dökes on singem Drömmerömm. Erstaunliche Geschichten aus Bonn. Gudensberg-Gleichen (Wartberg) 2009, 80 S., 27 Abb., ISBN 978-3-8313-1961-9.

33 Herbert Weffer, Familien- und Stammbäume. Teils mit Familienwappen. 114 S., Bonn 2009.

34 Herbert Weffer, Namenregister zu den ältesten Endenicher Schöffenprotokollen von 1665 bis 1689. 54 S., Bonn 2009.

35 Das vorliegende Buch

36 Herbert Weffer, Familienbuch Endenich – Die Familien des Bonner Vorortes von 1637 bis 1870. Veröffentlichungen der Westd. Gesellschaft für Familienkunde, ca. 350 S. In Vorbereitung.

Mitautor bei Büchern

a) Edith Ennen und Dietrich Höroldt unter Mitarbeit von Hugo Borger, Herbert Weffer u. a., Aus Geschichte und Volkskunde von Stadt und Raum Bonn. Festschrift Josef Dietz, Veröffentlichungen des Stadtarchivs Bonn 10, Bonn (Röhrscheid) 1973, 576 S., 127 Abb., ISBN 3-7928-0333-X.

b) Heinz Doepgen und Herbert Weffer, Geschichte und Kultur in Bildern – Der Rhein-Sieg-Kreis und seine Geschichte in graphischen Blättern, Gemälden und Modellen. Ausstellungskatalog, Köln (Rheinland Verlag) 1973, 131 S., 60 Abb., ISBN 3-7927-0176-6.

c) Dietrich Höröld unter Mitarbeit von Irmingard Achter, Herbert Weffer u. a., 1000 Jahre Stift Vilich 978-1978. Bonn (Röhrscheid) 1978, 208 S., 137 Abb., ISBN 3-7928-0412-3.

d) Manfred van Rey unter Mitarbeit von Herbert Weffer, 100 Jahre Wahlen und Parteien im Rhein-Sieg-Kreis 1848-1949. Siegburg (Schmitt) 1978, 191 S., 52 Tafeln, 6 Karten, ISBN 3-87710-082-1.

e) Manfred van Rey und Herbert Weffer, Wahlergebnisse der Städte, Bürgermeistereien und Ämter im Gebiet der heutigen Stadt Bonn und des Rhein-Sieg-Kreises 1877-1949. Siegburg (Archiv des Rhein-Sieg-Kreises) 1978, 22 S.

f) Heinrich Linn unter Mitarbeit von Horst Dahlhaus, Herbert Weffer u. a., Juden an Rhein und Sieg. Siegburg (Schmitt) 1983, 672 S., 90 Abb., 4 Tafeln, ISBN 3-87710-104-6.

g) Ewald Geilen und Herbert Weffer, Duisdorf wie es früher war. Bonn (Bouvier) 2000, 240 S., 421 Abb., ISBN 3-416-02945-3.

Lebenslauf des Autors

4.8.1927	Herbert Weffer, geboren in Bonn-Endenich, Sohn von Hermann Weffer und Maria geborene Schröder. Besuch der Volksschule in Bonn-Endenich. Besuch des Staatlichen Beethoven-Gymnasiums in Bonn bis zur Zerstörung. Kaufmännische Lehre in Bonn.
1947	Kaufmännische Prüfung bei der Industrie- und Handelskammer Bonn. Kaufmännische Tätigkeit im elterlichen Geschäft. Heirat in Bonn mit Gisela Bürger; kirchlich Holzlar 31.12.1955. Geburt von 2 Töchtern (1956 u. 1960), von 2 Söhnen (1965 u. 1968).
ab 1958	810 heimat- und familienkundliche Veröffentlichungen, darunter 34 Bücher. Architektenausbildung durch Fernlehrgang. Selbstständiger Architekt in Bonn, Poppelsdorfer Allee
ab 1965	Zahlreiche heimat-, mundart- und familienkundliche Vorträge.
1866	Gründung der Fortsetzungsserie „Bonner Ahnen". Bis jetzt 340 Ahnenreihen.
1966-1975	Schriftführer der Westdeutschen Gesellschaft für Familienkunde.
1968-1974	Herausgeber und Schriftleiter des Bonner genealogischen Mitteilungsblattes „Die Laterne – Bonner Familienkunde" nach dreijähriger Mitherausgabe mit Hugo Schünemann. Leiter der Auskunftsstelle der Westdeutschen Gesellschaft für Familienkunde.
ab 1968	Heraldische Tätigkeit. Entwurf und Reinzeichnung von über 100 Wappen.
ab 1969	Leiter des Wappenausschusses der Westdeutschen Gesellschaft für Familienkunde.
ab 1969	Über 150 Stammbäume, meist gepaart mit Familienwappen gezeichnet.
1971-1993	Archivar im Archiv des Rhein-Sieg-Kreises in Bonn und Siegburg.

1972	Mitbegründer des Arbeitskreises zur Erhaltung des historischen Stadtgefüges in Bonn.
1973	Lehrgang für Archivare des gehobenen Dienstes am Niederrheinischen Studieninstitut in Duisburg; Abschlussnote „Sehr gut".
1978	Lobende Anerkennung und persönlicher Dank durch Bundeskanzler Helmut Schmidt für eine Ideenskizze zum von ihm ausgelobten Bonner Volksstück.
1986	Ehrenmitgliedschaft im Bonner Heimat- und Geschichtsverein zum 100-jährigen Bestehen des Vereins.
1989	Auszeichnung mit dem Rheinlandtaler des Landschaftsverbandes Rheinland für Verdienste um die rheinische Kulturpflege.
1997	Auszeichnung mit der Ernst-von-Oidtman-Medaille der Westdeutschen Gesellschaft für Familienkunde für außerordentliche Verdienste auf dem Gebiete der wissenschaftlichen Genealogie.
2006	Ehrenmitglied der Westdeutschen Gesellschaft für Familienkunde.
28.2.2008	Gründer des Arbeitskreises „Bönnsch-Freunde für die Erhaltung der Mundart".

Kaufmann, Architekt, Archivar, Heimatforscher, Genealoge, Heraldiker, Buchautor, Hausverwalter, Mundartbewahrer, Zeichner und Maler

Herbert Weffer
Rhenusallee 34
53227 Bonn
Tel. 0228/474612

Glossar

Aanjedonns	Kleidung	flupp	geht sehr gut
aanjezeich	angezeigt	Fott	Hintern
aanjehollt	angenommen	Futz	Furz
ad	schon	Hälepe	Hosenträger
Äepel	Kartoffeln	hätte	hat er
Ämme(re)	Eimer (Mz.)	Här	Herr
ärem	arm	hadde	habt ihr
äresch	arg	hann	habe(n)
ävve	aber	hiérode	heiraten
affholle	abholen	Hingesch	Hintern
arbede	arbeiten	Höenche	Hörnchen
Arbet	Arbeit	Höhnekläuche	Hühner-
Baach	Bach		beinchen
Bäen	Bernhard	Hönd	Hunde
basch	platzt	Hus	Haus
baschte	platzen	iésch	erst
benn	bin	Iisere	Eisenteile
Botteramm	Butterbrot	isse	ist er
Botz	Hose	itt	es
Brasselkopp	Umstands-	Jade	Garten
	krämer	jäel	gelb
Daach	Dach	jäen	gern
dämm	dem	jäjensiggisch	gegenseitig
dänne	denen	jätt	etwas
Dahch	Tage	jedaach	gedacht
Dilledopp	Holzkreisel	Jedresse	Kot
ding(e)	dein(e)	jeet	geht
Döppche	Töpfchen	Jehösch	Haus
drahn	dran	jekräsch	bekommen
Doref	Dorf	jeplötsch	eingebeult
Duveeier	Taubeneier	jesaat	gesagt
ehne	einer	Jeschänns	Geschimpfe
ennjehollt	eingeholt	jesenn	gesehen
eraff	herunter	Jesöffs	Trinkbares
eröm	herum	jode	guten
eronde	herunter	Jodes	Gutes
Fibbes	wunderlicher	jonn	gehen
	Mann	Jratäng	Gratin
Fluchzeuch	Flugzeug	jries	weißhaarig
Fluh	Floh	Jrompere	Kartoffeln

Jurk	Gurke	Pott	Topf
kamme	kann man	Promme	Pflaumen
Klätschohch	krankes Auge	ränt	regnet
Kehrmännche	Straßenkehrer	Reefe schmecke	Reifen schlagen
knattsch-verdötsch	sehr verrückt	Rhing	Rhein
Knudele	Hefeklöße	Rihf	Reibe
Knüles	dicker Kopf	Ritsch-ritsch	Durchfall
Koh	Kuh	sät	sagt
Kollerave	Kohlrabi	sare(n)	sage(n)
Kopp	Kopf	Schakett	Jackett
Kroo	Krähe	schibbelich	zum Kugeln
krette	bekommt er	Schmileme	lange Gras-halme
krijje	bekommt		
Kruttjöngelche	kleiner Junge	schras-schrön	grasgrün
Kühla	Loch für Klicker	sing(e)	sein(e)
kühmt, kühmb	jammert	sitte	sieht er
kütt	kommt	Stätz	Schwanz
laache	lachen	stivvele	stapeln, dekorieren
Läbbdahch	Lebenstage		
Lävve	Leben	süff	säuft
lijje	liegen	Täsch	Tasche
Löck, Lück	Leute	träcke	ziehen
lomme	lasst uns	Trottewah	Bürgersteig
lüch	lüge	unge	unten, unter
Mäjelche	kleiner Magen	verschengeliert	verballhornt
Melchbüdche	Milchbüdchen	Wädde	Wetter
mih	mehr	wäje	wegen
Ming	Meine	wämme	wenn man
Minge	Meiner	wick	weit
Möck	Mücke	widde	wieder
mosste	musst du	wigge	weiter
nämmeme	nehmen wir	wonnt	wohnt
Öllech	Zwiebel	Zänkesch	zankbare Frau
ömjebraat	zurück gebracht	Zantping	Zahn-schmerzen
ömträcke	umziehen		
övve	über	Zeässe	Essbares
övverem	überm	Zebasch(te)	sehr viel
op	auf	Zick	Zeit
Plötsch	Beule	zojeknöpp	zugeknöpft, schweigsam
Plute	Kleidung	zokrett	zu bekommt
Pond	Pfund	zoppe	eintunken

.